U0871825

院校研究理论与实践论丛

总 主 编　常桐善　蔡三发
副总主编　王　雁　张端鸿　屈琼斐

院校研究数据分析方法与实践

钟之阳　曹小兵　刘　敏　编著

同济大学出版社
TONGJI UNIVERSITY PRESS
·上海·

图书在版编目（CIP）数据

院校研究数据分析方法与实践 / 钟之阳，曹小兵，刘敏编著. -- 上海 : 同济大学出版社，2024.11
ISBN 978-7-5765-0698-3

Ⅰ. ①院… Ⅱ. ①钟… ②曹… ③刘… Ⅲ. ①高校管理—统计数据—统计分析—研究 Ⅳ. ①G647-39

中国国家版本馆 CIP 数据核字(2023)第 018358 号

院校研究理论与实践论丛
总主编：常桐善　蔡三发　　副总主编：王　雁　张端鸿　屈琼斐

院校研究数据分析方法与实践

钟之阳　曹小兵　刘　敏　编著

责任编辑 孙铭蔚　**责任校对** 徐春莲　**封面设计** 陈益平

出版发行　同济大学出版社　　www.tongjipress.com.cn
（地址：上海市四平路 1239 号　邮编：200092　电话：021-65985622）
经　　销　全国各地新华书店
排　　版　南京月叶图文制作有限公司
印　　刷　苏州市古得堡数码印刷有限公司
开　　本　710mm×1000mm　1/16
印　　张　13.5
字　　数　200 000
版　　次　2024 年 11 月第 1 版
印　　次　2024 年 11 月第 1 次印刷
书　　号　ISBN 978-7-5765-0698-3

定　　价　80.00 元

院校研究理论与实践论丛

编委会

序

现代大学已经变成了规模巨大、种类繁多、功能和组织复杂、利益相关者众多、社会责任广泛的社会组织，需要大量的信息和专门知识才能对其进行有效管理。学校的领导人和决策中枢机构，很难再依靠传统的经验进行决策与管理大学，通过加强研究，开展科学决策与管理已经成为一种顺应发展的内在需要。大学越来越需要专业化的机构和人员协助收集信息、整理数据、研究问题、提供决策咨询与参考。

院校研究（Institutional Research）的蓬勃发展正是顺应了上述需要。院校研究以大学管理为研究对象，通过系统收集信息、科学分析数据、提供决策支持，以达到解决实践问题、提高管理科学化水平的目的。院校研究在发达国家广受重视，尤其是美国，高校普遍建立了院校研究办公室。中国的院校研究也日益受到重视，近年来中国大学从事大学规划、政策或高等教育研究等的相关部门纷纷转型，朝着院校研究专业化机构的方向发展，以问题为导向、以数据为支撑、以改进为目标，努力开展本校的问题研究，并加以实践，促进学校管理优化。

同济大学是一所具有悠久历史传统和开放进取精神的大学，正在努力建设具有中国特色的世界一流大学。在信息化时代，学校希望构建基于大数据的院校研究和循证原则的科学决策体系，这也正是大学内部治理体系与治理能力现代化的题中应有之义。为此，学校在体制机制、资源整合和外部合作等方面做出了许多努力。一是整合发展规划、高等教育研究和办学质量评估部门，组建了发展规划研究中心，使其成为大部门制的院校研究与决策咨询机构；二是推动学校运行数据的共享库建设，并在此基础上建设了学校的数据仓库，推动行政管理、决策咨询和技术支持部门的合作，努力朝大数据决策的院校研究方向探索；三是与爱思唯尔、汤森路透、惠普、金蝶和文思海辉等国内外机构建立广泛合作，更好地推动智慧校园和智能决策系统建设。

由同济大学高等教育研究所联合美国加州大学总校院校研究办公室等机构专家共同出版的“院校研究理论与实践论丛”，是中美院校研究领域专家近年来开展院校研究的一些理论、方法和实践的阶段性总结，包括院校研究的发展与应用概论、高校战略发展规划与数据报告可视化、高校决策支持信息系统的开发与应用、院校研究统计学方法与数据挖掘、院校研究问卷调查研究方法与实践等专题，内容丰富，具有较高的参考价值和借鉴意义。相信该论丛的出版，有利于提升院校研究人员的专业化水平，有利于推动院校研究在中国的发展，有利于更好地促进中国大学的管理，有利于“一流大学”和“一流学科”的建设。

只有院校研究人员善谋，才有决策中枢机构善断，也才有中国大学治理体系与治理能力现代化的持续改善。祝愿中国的院校研究发展得越来越好！

同济大学原校长、中国科学院院士

前言

随着信息技术的飞速发展和大数据时代的来临，数据已经成为人们生活中不可或缺的一部分，尤其是在高等教育领域。院校研究作为一个以数据为基础、旨在提高大学的教育质量和机构效能的领域，日益受到广泛关注。在这一背景下，作为院校研究的核心技能之一的数据分析的重要性不言而喻。《院校研究数据分析方法与实践》这本书应运而生，旨在满足广大教育工作者、研究者和管理者对数据分析方法的迫切需求。

本书立足理论和实践两个层面，系统地介绍了数据分析在院校研究中的应用。在理论篇中，首先，通过导读对数据分析作了宏观的介绍。接着，简述了统计学在院校研究中的作用。随后，深入浅出地介绍了统计方法、方差分析、回归模型、因子分析及路径分析和结构方程模型等数据分析方法，并结合院校研究的实际案例，详细阐述了这些方法在院校研究中的应用场景和操作步骤。案例篇更加注重实践应用，通过具体案例展示了如何利用描述性统计方法、t 检验、逻辑回归分析、路径分析和结构方程模型等数据分析方法解决院校研究中的实际问题。这些案例不仅具有代表性，而且贴近实际，有助于读者更好地理解和应用所学知识。

本书内容通俗易懂，适合不同专业背景的读者阅读。无论是对数据分析零基础的读者还是有一定基础的读者，都能从中有所收获。我们期待更多的教育工作者、研究者和管理者能够掌握数据分析这一强大工具，为提升我国高等教育的质量和机构效能贡献智慧和力量。希望本书能够成为读者在数据分析领域的得力伙伴，引领读者开启更深层次的院校研究之旅。

编著者

2024 年 11 月

目录

院校研究数据分析理论篇

导读

简述统计学在院校研究中的作用

统计方法及其在院校研究中的应用

方差分析及其在院校研究中的应用

回归模型及其在院校研究中的应用

因子分析及其在院校研究中的应用

路径分析和结构方程模型及其在院校研究中的应用

导 读

Introduction

院校研究部门是美国高等教育管理领域的主要部门之一。虽然各院校研究部门的名称有所不同,但是它们都在大学管理和决策中发挥着非常重要的作用。随着大数据时代信息技术和互联网技术的飞速发展,越来越多的院校重大决策基于经过严格检验的客观证据而制定。

院校研究是一门集政治、社会、教育、信息、科技、社会调查及统计学知识于一体的复杂学问。院校研究人员应该具备三种智能：掌握科学技术和分析问题的智能、识别要害问题的智能、了解背景情况的智能。而无论是分析能力、认识能力还是了解背景情况的智能,都离不开数据的支持。因此,掌握好统计学是加强这三种智能的基础。

掌握统计学知识及其应用技巧是院校研究人员必须具备的基本业务素质。利用各种数据资源(如院校数据库、学生和教职员工问卷数据、国家高等教育数据等)为院校决策人员提供具有科学依据的数据是院校研究办公室的重要工作之一。院校研究人员需要运用统计学的分析方法为院校决策人员提供有关信息来支持院校决策人员的院校管理方针策略制定,如新生录取方案、学习环境优化和财务管理等方面的方针策略制定。由于资源有限,院校研究人员并不能得到所有个体的信息。基于对有限样本的观测值的分析，统计推断为院校研究人员提供了一种认知总体特征的理论方法。通过假设检验，院校研究人员能够区分样本群体与群体之间的差异是否显著。如果从统计学的角度发现样本群体与群体之间的差异不显著，那么这种差异被认定为主要源于随机误差；如果统计数据证明样本群体与群体之间的差异非常显著，那么这种差异被认定为主要源于特定因素造成的系统性差异。这只是统计学在院校研究中的一个重要例子。院校研究最重要的功能之一是利用数据分析为学校提供决策支持。具体来说，院校研究办公室的分析人员通过分析各种数据满足决策者在作决定前了解各种问题的需求。对历史数据进行分析整理以呈现学校在某些方面的历史趋势是院校研究分析中最常用的方法，然而历史数据对于学校当前面临的或是面向未来的决策需要的作用是有限的。在这种情况下则需要运用其他方法，例如运用回归分析统计方法预测未来，以帮助决策者了解哪些因素或变量会影响某个重要变量，并根据历史数据对该变量作出预测。

本篇主要介绍统计学理论，包括基础统计学概念、描述性统计方法、简单的假设检验（如 t 检验、方差分析、相关系数分析）。此外，本篇还介绍了比较复杂的统计学方法，如回归分析、路径分析和结构方程模型分析。

由于回归分析的预测功能可以帮助决策者制定着眼未来的决策，因此其在院校研究中的应用越来越受重视，已成为未来院校研究发展的重点方向之一。回归分析在院校研究中有多种用途。例如，帮助招生办公室负责人及时调整招生策略，从而达到招到更多优质生源的目的，院校研究人员可以通过分析以往申请学生的背景数据及被录取和入学的情况，建立回归模型对未来申请学校的学生的被录取和入学情况作出预测。又如，很多美国高校面临严重的学生退学或转学问题，院校研究部门可以利用回归模型帮助学校在开学一到两个月内及时识别可能退学的“高离校风险学生”，并按照预测结果建立早期预警系统。通过该系统，制定相关政策和提供相关服务，以帮助学生克服各种困难，从而顺利完成本科阶段的学习。

本篇的统计学理论部分还介绍了结构方程模型。由于结构方程模型能够测量很多复杂且难以测量的潜变量，这一研究方法在院校研究的理论建设中发挥着日益重要的作用。结构方程模型包含很多常用的统计方法，如多元回归和方差分析都可以被看作结构方程模型的特殊类型。尽管这一方法在美国得到了较为广泛的应用，但国内院校研究学者对其还不算熟悉。因此《路径分析和结构方程模型及其在院校研究中的应用》一文深入浅出地将结构方程模型这一方法一步步介绍给国内的院校研究学者，他们不需要具有很强的统计学背景就可以理解结构方程模型区别于其他回归模型的优势，了解结构方程模型的建模过程，以及初步了解统计软件来实现结构方程模型的分析。统计方法的发展和计算机技术进步的结合，使得基于经典测量理论的高级测量统计方法模型（如项日反应模型）在社会科学和院校研究中的应用日益广泛。

简述统计学在院校研究中的作用①

曹小兵

内容提要 院校研究是一门集政治、社会、教育、信息、科技、社会调查及统计学知识于一体的学问。1999 年，Patrick Terenzini 指出，掌握科学技术和分析问题的智能、识别要害问题的智能及了解背景情况的智能是院校研究人员必须具备的基本素质。而无论是分析智能、认识智能还是了解背景情况的智能，都离不开数据的支持。因此，掌握好统计学是提高这三种基本素质的基础。本文主要讨论统计学是院校研究人员的必修课的原因，并且介绍一些统计学基本概念和院校研究通用的数据，以及院校研究通用工具和计算机软件。

关键词 院校研究人员素质 统计学基本概念 院校研究通用数据 院校研究通用工具

1. 引言

院校研究机构是美国高等教育领域的主要部门之一。虽然各院校研究

① 特别感谢美国太平洋大学(University of the Pacific)博士研究生张为对本文的重要贡献。

机构的名称有所不同,但是它们都在大学管理和决策中发挥着非常重要的作用。随着新科技的发展,越来越多的院校重大决策需要通过数据取证来作出。掌握科学技术和分析问题的智能(Technique and Analytical Intelligence)是三大院校研究素质之一,因此,院校研究人员掌握必要的数据收集和统计学分析方法至关重要。本文简单介绍统计学基本概念、院校研究通用数据、院校研究通用工具和计算机软件,以及统计学的一些基本特点。

2. 统计学是院校研究人员的必修课

院校研究是一门集政治、社会、教育、信息、科技、社会调查及统计学知识于一体的复杂学问。1999 年,Patrick Terenzini 指出院校研究人员应该具备三种素质:掌握科学技术和分析问题的智能、识别要害问题的智能(Issues Intelligence)和了解背景情况的智能(Contextual Intelligence)。而无论是分析问题、认识问题还是了解背景情况的智能,都离不开数据的支持。因此,掌握好统计学是提高这三种基本素质的基础。

2.1 掌握科学技术和分析问题的智能

掌握科学技术和分析问题的智能指的是掌握院校研究的各种基本概念和基础知识(如了解和掌握数据收集、管理、分析和撰写报告的工具)及多种多样的分析方法。每一名院校研究人员应对自己所在领域和所在院校有基本的了解,掌握信息资源,熟练掌握各种分析方法,而且应对统计学原理有基本了解,掌握较复杂的计算方法,以及能够准确熟练地解读统计学分析结果。掌握科学技术和分析问题的智能是每名院校研究人员必须具备的基本功,没有这项基本功就无法胜任院校研究工作。掌握统计学理论和分析方法是掌握分析能力的一个重要部分。这也是统计学被视为一门非常重要的学问和每一名院校研究人员的必修课的原因。掌握科学技术和分析问题的智能需要循序渐进、日积月累,它也是理论结合实践的长期经验的体现。显然,学好统计学、掌握统计学理论是提高院校研究分析能力的前提。

2.2 识别要害问题的智能

识别要害问题的智能指的是对高等教育实际问题的认识和理解能力、对院校运营流程及具体程序的掌握程度。只有对院校运营流程有深刻了解,才能有认识问题的能力和提出院校研究课题的智慧。作为院校研究人员,首先应该掌握一些本院校的基本信息,包括院校建设规划和教育质量评估情况。例如,学生如何顺利地完成本科学业,教授队伍如何发展壮大,教授工资和晋级的规章制度,院校的决策机制和管理制度,院校的财政管理制度,等等。在美国,毕业率是一个热门话题,院校研究人员应明确毕业率常常与哪些因素相关。如毕业率与大学的经营体制(公立还是私立)有关,与学校的类别(如以研究为主还是以教学为主等)也有关。一般来说,私立大学的毕业率比公立大学稍微高些。公立大学的六年毕业率稍低于60%,而私立大学的六年毕业率则在65%左右。具体到每一所大学,毕业率又会因学生的背景条件有所差异。如女生的毕业率要高于男生,白人和亚裔的毕业率要高于其他有色人种。当然,更重要的因素是学生的自身条件,如高中的学习成绩(Grade Point Average, GPA)和美国大学入学考试成绩[Scholastic Assessment Test(SAT)和American College Testing(ACT)]等。院校研究人员了解和掌握本单位及其他院校的具体情况至关重要,这是提出问题和识别问题的基础。做到这一点需要院校研究人员具有院校研究经验并掌握丰富的院校数据。有时候,即使院校研究人员不需要亲自采集和分析数据,其也必须对所采集到的数据和数据的采集过程有基本认识,如数据的真实性、数据的具体含义及数据的普遍性等。做好这些工作要求院校研究人员掌握一定程度的统计学知识和技能。由此可见,掌握统计学知识在识别院校问题中起着非常重要的作用。

2.3 了解背景情况的智能

在不同政治、经济、文化、社会背景下,解决同一院校问题的具体方法各不相同。这就要求院校研究人员对院校研究领域的背景情况有宏观的了解。这些背景知识小到学费、助学金和奖学金的管理,大到院校信息、历史、传统、领导的管理方式和决策机构的运营等，以及国内外动态。掌握政治经济动态有利于把握本校教育的发展方向和深刻理解院校问题的实质。随着美国政府开支的削减，一些奖学金和助学金的发放也受到了影响，因此，对于一些依靠学费来维持收支平衡的院校来说，稳定生源以保证未来院校财政收支平衡成为一个很重要的研究课题。院校研究人员的工作实质是把数据总结归纳成信息供人们参考，然后再把信息转化为知识来协助院校负责人作出院校内的各种重大决定，最后使知识转化为作出英明决策的大智慧。而这一切都离不开数据与统计。

3. 院校研究人员应该掌握的最基本的统计学概念

3.1 变量和测量尺度

3.1.1 变量

无论作什么样的院校研究分析，首先都要接触一个概念——变量。任何可以取不同值的实体都可以被称为变量。例如，年龄是一个变量，因为不同的人的年龄可以不同。再如，时间也是个变量，因为时间可以取不同的数值。同样地，国籍也可以是个变量，因为一个人的国籍可以不同于另外一个人的国籍。变量并不一定是数量，变量也可以是文字，如民族和性别。变量有以下五个特征。

(1) 每一个变量有其属性，而且有变化。属性是变量的特定值，例如性别具有两个属性：男性和女性。一个人、一个地方、一件事或者一个观念都有属性。例如，“5:00”是时间的一个属性，“女人”是性别的一个属性，“高兴”是情绪的一个属性。一个变量必须有两个及以上的属性，因此变量的另一个特点是变化。时间是个变量，它可以从 0:00 变化到 23:59；身高是个变量，一个人的身高可以为 160 cm、170 cm、180 cm 等。

(2) 变量可以分为定性变量和定量变量两大类。定性变量的属性是在测量尺度上无等距离的数值的名词，例如头发颜色的属性用黑色、棕色、白色等来区别，人的性别属性用男、女和其他来区别。定量变量的属性多数是在测量尺度上有等距离的数值的名词。例如身高和年龄的属性(厘米和岁)都是在测量尺度上有等距离的数值的名词,因此它们都是定量变量。

(3) 变量可以分为因变量和自变量。研究因果关系时弄清这对概念尤为重要。因变量是事物发展的结果,自变量是事物发展的原因。很多研究表明,大学生在大学的学习成绩深受他们高中时期的学习成绩的影响。因此,高等院校研究人员常常使用学生的高中成绩来预测他们大学阶段的学习成绩。这也是为什么在美国高等院校的录取工作中,报考学生的高中学习成绩具有很重要的参考价值。一个大学生在大学期间的学习成绩好坏与其高中时期的学习成绩好坏有很大关系。在这项研究中,大学学习成绩是一个变量,确切地说,它是一个因变量;高中学习成绩也是一个变量,但它是一个自变量。

(4) 每个变量都应是详尽的,包括所有可能的属性。例如,如果变量是教育水平,而选项只有小学、中学和大学,那么教育水平这个变量的属性或选项就不是详尽的。因为有些人可能小学没有毕业而另外一些人可能大学毕业后又继续深造,因此,在定义变量时,应考虑所有可能的情况,同时避免罗列过多的选项。因此,应首先列出最普遍的属性,然后使用"其他"表示所有剩余的属性。

(5) 变量的属性是相互独立的,不应让答卷人同时具有两个属性。例如,询问工资收入是比较敏感的问题,不应询问答卷者的具体收入,而应列出几个收入区间供答卷者选择,如 1 000 元以下、1 000～2 999 元、3 000～4 999 元、5 000～6 999 元、7 000～8 999 元、9 000 元及以上。需要注意的是,以上选项是相互独立的。如果将选项设置成下面这样,变量的属性就不相互独立了:1 000 元以下、1 000～3 000 元、3 000～5 000 元、5 000～7 000 元、7 000～9 000 元、9 000 元或更多。

3.1.2 测量尺度

并非所有数据和变量都是一样的:有些数据和变量是定量的,而有些数据和变量是定性的;有些数据和变量是连续的,而有些数据和变量是离散的。我们可以把变量分为四个层次:名义变量、有序变量、间隔变量和比率变量。不同层次的变量需要用不同的统计方法计算。例如，计算身份证号码的平均值和中位数没有任何意义。

名义变量的测量尺度等级最低。名义变量指的是只用名字表明属性特点的变量，如名称、类别等。这一等级的数据和变量是定性的，如皮肤颜色、居住城市、是非题等都属于名义变量。虽然在分析过程中我们常常使用数字来代表名义变量，但是这些数字是无意义的。正如身份证号码并不表示公民的任何排序，它只是用来代表每个公民的符号。名义变量的属性没有大小、前后之分，也不可进行数学运算。

有序变量的测量尺度等级位居第二。处于这一等级的数据和变量具有可辨识的顺序，但各属性之间的差异没有具体意义。例如，"北上广深"代表中国四大城市(北京、上海、广州、深圳)和城市的并列顺序，但是我们无法根据这一顺序知道北京和上海之间或上海和广州之间的居民生活水平的具体差异。又如，教师可以用"优良中差"评价学生的学习成绩，我们只知道"优"比"良"好，但是到底好多少却不得而知。和名义变量一样，我们不可以对有序变量进行数学运算。

间隔变量的测量尺度等级位居第三。间隔变量不仅能够区分大小，而且各属性之间的差异具有实际意义。但是间隔变量不具有起点。以温度为例，无论是摄氏度还是华氏度，30 度都比 20 度高，20 度又都比 10 度高，但是 0 度并不表示无温度。间隔变量可以进行数学运算，如 40 度降低 20 度为 20 度，但不能说 40 度比 20 度高一倍。间隔变量可以进行加减运算，但是不可以进行乘除运算。

比率变量的测量尺度等级最高。比率数据或变量具有相等的间隔和零起点，因此比率变量可以进行乘除运算。例如，40 岁是 20 岁的 2 倍，1 000 元是 100 元的 10 倍。

3.2 信度和效度

在院校研究中，研究人员需要作很多分析判断，并根据其所在院校的实际情况解析所得出的分析结果。院校研究人员最关注的一个问题是其所使用的数据是否能测量出其真正关心的问题，其所使用的测量工具是否有效可靠。例如，研究大学生参加社会活动对其毕业率的影响，就要确认调查问卷中的问题测量的确实是大学生参加社会活动的情况和毕业状况，而不是大学生参与商业活动或政治活动的情况等。因此，围绕有关的研究题目设计问卷或从数据库中提取数据时，我们必须首先考虑数据的有效性和可靠性。有效性即我们使用的测量工具能否有效地测量我们想要测量的事物。可靠性指的是我们使用的测量工具能否每次都能测量出同样的结果。如果不能保证数据的有效性和可靠性，那么无论使用怎样复杂的统计分析方法，所得的结果都是无效的。

当我们采用调查问卷获取数据时，问卷质量高低对调查结果有决定性作用。为了保证问卷具有较高的可靠性和有效性，在形成正式问卷或提取数据之前，需要对问卷进行严格试测，并对试测结果进行信度和效度分析。如果从数据库中提取数据，那么一定要与数据管理部门密切联系，了解每一项数据的具体含义。在获取数据进行数据分析之前，对变量进行信度和效度测量极为重要，这是院校研究人员进行院校研究过程中不可或缺的环节，也是让他人信服研究结论的重要依据。

3.2.1 信度

简单来说，信度是指测量数据的可靠程度，即采用同样的方法重复测量同一对象时所得结果的一致性程度。例如，想知道某人的体重，可以请两个人进行估计，如果一个人的估计为 75 千克，另一个人的估计为 60 千克，那么让人估计体重是不可信的方法。而用秤来测量这个人的体重，如果连续测量两次的结果都是相同的，那么在测量体重时用秤称重比让人来估计更为可信。在具体的调查研究中，真实值是一个抽象的概念，或者说是一个潜在的变量，而实际测量得到的数据是观测值。在实测中，测量误差是无法避免的，因此真实值和观测值不可能完全一致。真实值和观测值之间的关系用公式表示为：观测值＝真实值＋测量误差。例如，一门课程的考核旨在测量学生对知识的掌握情况。参加考试的 A 同学得了 89 分，这是观测值。而真正反映 A 同学对这门课程的掌握情况的分数是真实值，这个值研究人员无法确切知道，只能将其抽象假设为 80 分，那么研究人员对 A 同学对这门课程的掌握情况的测量就存在9分的误差。任何调查研究中都存在测量误差，研究人员要做的是减小误差，提高可信度，尽可能使观测值接近真实值。信度系数可以用来表示信度的高低，信度系数越大，测量的可信度就越高。下面介绍三种最常用的信度类型及它们的测量方法。

(1) 重测信度

重测信度是指在不同时间重复同样的测量来检验样本信度。研究人员通常间隔一定时间用同样的问卷对同一组被调查者重复施测，计算两次测量结果的相关系数。值得注意的是，两次测量一定要针对同样的被调查者进行，并且重复测量时，应确保两次测量的时间间隔得当。如果时间间隔太久，可能会发生一些变故影响被调查者的态度，那么前后两次的测量结果就会有很大差异。

(2) 复本信度

复本信度用来检查相同测量工具的两个版本的对等性或相似性。复本信度的测量方法通常是让同一组被调查者一次填答两份问卷，然后计算两个复本之间的相关系数。测量复本信度要求两个复本的表述方式不同，但内容、难度和对应题项的提问方向完全一致。

(3) 内在一致性信度

内在一致性信度区别于重测信度和复本信度，研究人员通常在无副本并且不准备重测的情况下使用内在一致性信度来计算可信度。内在一致性信度常用于态度测量的信度分析。在态度问卷调查中，围绕某个主题进行正反面的陈述，让被调查者对陈述作出相应选择。例如，在测试学生对学校学习环境的满意程度时，设置5项说法。这5项说法如果都有关学习环境测量，其内在一致性信度就高，否则其内在一致性信度就低。

在实际应用中，这类态度式调查问卷一般采用李克特量表(Likert Scale)，由被调查者评价其对问卷里每个题项的同意程度，在“非常不同意”“不同意”“中立”“同意”“非常同意”中选择一个，5个选项依次按1分、2分、3分、4分、5分进行赋分。通过每个被调查者对每个题项的打分情况，就可以测量包含所有题项态度量表的内在一致性信度。例如，有人给“课后非常容易找到授课教师探讨问题”这一题项打了5分，即表明他非常同意这个说法，同时给“授课教师没有时间与学生课后探讨问题”这一题项打了 1 分，即表明他非常不同意这个说法。虽然被调查者给不同题项的打分不一样，但是测试被调查者的问卷的所有题项是具备一致性的。我们常用克隆巴赫系数（Cronbach's alpha，以下简写为 α）来测量内在一致性信度。α 信度系数代表量表中各题项得分间的一致性。每个题项得分间的一致性越高，α 信度系数就越大，研究人员使用该量表收集数据的信心也就越大。

3.2.2 效度

效度是指测量工具能够准确测出所需测量事物的程度。数据的效度或有效性直接影响整个研究的价值。如果用来分析的数据不能充分显示所要研究的主题，那么整个研究就失去了意义。因此进行系统的效度分析十分重要。

例如，测量身高应该使用米尺，如果测量身高时没有使用米尺而是使用磅秤，那么我们所得到的数据是体重而不是身高，这个数据就是无效的。效度是测量中非常重要的因素，它表示测量得到的结果正中目标。如果测量工具只有信度而没有效度，那么测量得到的结果可能完全偏离方向，击中错误的目标。也就是说，虽然测量得到了可信的结果，但并不符合最初的研究目的。只有测量得到的数据的效度高，才能体现测量结果反映了测量对象的真实情况。效度测量方法也有多种，使用不同方法得到的结果反映的是效度的不同方面，最常用的效度测量方法有以下三种。

（1）内容效度

内容效度反映调查问卷中设置的题项能否代表所要测量的内容或主题。考察内容效度旨在系统地检验测量内容的适当性，即检验由概念到测量内容的推理是否符合逻辑，是否有效。建立内容效度很简单，只需确认量表中的所有题项都和测量的主题内容相关。如果有题项和研究问题不相关，将会影响测量的准确性。因此，院校研究人员在调查问卷定稿之前要不断修改完善题项内容，以提高问卷的有效程度。

（2）标准效度

标准效度也叫预测效度，用来测量结果。例如衡量考试成绩是否能达到预期结果：大学入学试题应该测量出一个高中生是否具备上大学的能力；一个学生的成绩达到某一分数线就意味着其具备一定的知识基础，能够顺利完成大学学业。如果大学入学考试可以达到这个预测目的，那么入学试题就有较高的标准效度。在美国的院校研究中，一个常见课题就是使用SAT、ACT成绩或者高中时期的成绩来预测学生的大学一年级成绩。这是由于SAT和ACT考题有较高的标准效度。

(3) 构想效度

构想效度是指测量结果体现出的某种构想与测值之间的对应程度。在所有的效度分析中，最特别且最复杂的当数构想效度，因为它建立在量表或测量工具潜在的构想之上。检验构想效度的主要标准在于理论结构，提高构想效度首先需要坚实的理论基础。例如，如果要测量情商，就必须在充分了解情商理论的基础上设计问卷。要研究情商，首先要掌握情商的理论框架——包括理解自己、理解他人、管理自己和管理他人四个层面。所以在设计问卷时要考虑到“理解”和“管理”两个层面，但不能只考虑“管理”和“理解”的字面含义。构想效度建立在一个理论框架上，测量的内容必须和这个理论框架一致。测量的内容越接近理论框架，构想效度就越高，反之就越低。

3.3 信度和效度的关系

信度低，效度不可能高。因为如果测量的数据不准确，也就不能有效地说明研究对象。但是信度高，效度未必也高。例如，某人使用一个失灵的磅秤测量体重，其实际体重是75千克，但是他每次测得的体重却都是65千克。这个测量体重的工具效度较低，但是由于每次测得的数据一致，这个工具的信度较高。反之，如果某人的实际体重是75千克，但是其第一天测得体重为75千克、第二天测得体重为55千克、第三天测得体重则是65千克，那么就说明这个测量体重的工具既无信度又无效度。

统计学家常常使用射击的靶子来描绘信度和效度的关系。图1左、中、右各有1个靶子，我们由左向右将它们分别称为靶1、靶2、靶3。

靶1表示既无信度又无效度。射击者每次的击中点很无规律，有时上有

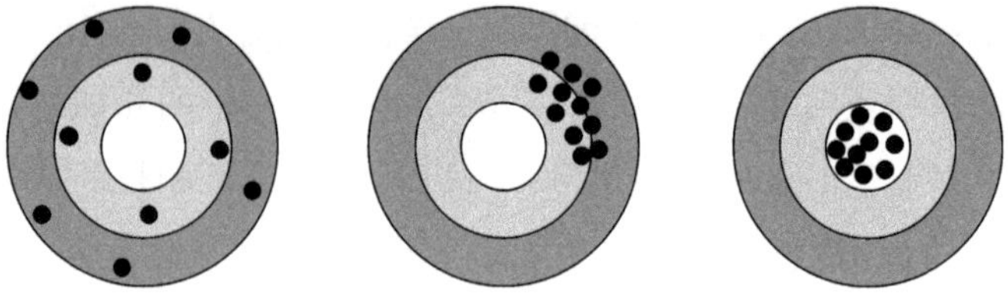

图 1　信度与效度关系示意图

时下，有时左有时右，很不稳定，因此信度很低。更重要的是，这个射击者从未射中过靶心，几乎没有信度。靶 1 是研究人员在调查研究中最忌讳的一种现象，因为它既无信度，也无效度。

靶 2 表示有信度无效度。射击者每次的击中点很稳定，总是在右上方，有较高的信度；但是并没有命中靶心，效度很低。在院校研究中，有时也会出现类似情况。例如，研究人员从数据库中提取了学生父母受教育情况的相关数据，这些数据虽然很稳定，但并不能准确地反映研究人员需要研究的学生本人的成绩，因此，为了避免偏离研究的主题，这些数据再稳定也不可以采用。

靶 3 表示既有信度又有效度。射击者每次击中的都是同一个目标，所以信度较高，而且每一次射击击中的都是靶心，因此效度也较高。收集院校研究数据时，就是要收集既有信度又有效度的数据。研究人员不但需要测量其应测量的，而且必须保证测量结果稳定，不受时间、地点、人物等因素影响。

3.4　院校研究通用数据指标

院校研究中常用的数据主要包括学生、教师、师生资源、教职员工生产力相关数据，以及财务数据和比率、系或院校一级的综合数据及与同级院校的比较数据。下面介绍一些最常用的院校研究数据。

学生相关数据主要来自学生招生办公室和课程注册办公室，有些数据（如住房情况、是否参加兄弟会或姐妹会等）也来自学生生活管理部门。从学生申请入学时填写的数据（家庭收入、父母受教育水平、高中阶段参加课程和成绩、报考志愿等)，到学生在大学注册后每一门课程成绩和毕业计划等数据叫作分析数据，通常储存在由学院或院校研究办公室管理的数据库中。

教师资源数据主要包括：职位(科研、教学、管理等)、等级[教员(lecturer)、讲师(instructor)、助理教授、副教授、教授等]、工资情况、年聘用月数(9 个月、11 个月、12 个月等)、教学或科研单位、背景信息(种族、性别、年龄等)、任期状况等。这里简单介绍一下，美国教授根据任期状况不同，主要分为临时教授和终身制教授两种，而终身制教授又分为已经获得终身教职的教授(tenured faculty)和正在考核中的教授(on tenure track)。正在考核中的教授一般需要经过 5～6 年考核期才能获得终身教职。

按照数据库的使用目的，可以将大学数据库的数据分为运行数据(operational data)和分析数据(analytical data)。运行数据时时刻刻都在发生变动，数据在不断更新。分析数据则是固定的，通常在院校数据较稳定时冻结。例如，一些美国大学会在每年 10 月的某个固定日期冻结学生数据，因为此时招生活动和课程注册都比较稳定，是适宜冻结学生数据的时机。但是，一些数据通常选择其他的冻结时间。例如，学生春季学期的学习成绩一般 7 月便可冻结，而学生的毕业数据则要等到 11 月甚至更晚些方可冻结，因为毕业数据较复杂，需要花费较长的时间来整理确认。对于学生助学金数据，有些大学会以 18 个月为周期进行冻结，因为学生助学金从年初学生被录取时就开始发放，其数据直到学生完成一学年学业为止都在不断更新。教授数据是另一组复杂数据，它涉及教授的聘用、解雇、退休、晋升、进修、休假等烦琐数据，一般要等到 11 月至 12 月才可以冻结。教学辅助人员和管理人员的数据也同样复杂，各个大学都有自己的固定冻结时间。

财务数据主要包括经营收入(operating revenues)和非经营收入(non-operating revenues)。经营收入包括学费和其他费用(tuition and fees)、赠款和合同(grants and contracts)、销售和服务(sales and services)等。非经营收入包括政府拨款(appropriations)、投资收益(investment interests)，以及一些政府拨给的款项(nonoperation grants)等。在美国，无论是公立院校

还是私立院校，都必须向美国政府汇报逐项数据。

同级院校数据的信息源很多，如彼得森(Peterson's)高教信息、美国新闻与世界报道(U. S. News & World Report)等。这里主要介绍4个美国院校研究办公室通常用来获取同级院校信息的渠道和网站：

① 美国新闻与世界报道：http://www.usnews.com/rankings.

② 美国高校专业人才协会：http://www.cupahr.org/surveys/fhe4.aspx.

③ 美国高等教育综合数据系统：http://nces.ed.gov/ipeds.

④ 美国国家教育统计中心：http://nces.ed.gov.

以上网站虽然需要注册密码才能下载原始数据，但是其中多数综合报告和综合数据是免费对外公开的，特别是美国国家教育统计中心(National Center for Education Statistics，NCES)的数据大多不需要注册密码即可获取。美国国家教育统计中心是一个联邦机构，设在美国华盛顿特区的美国教育部(Department of Education)教育科学研究所(Institute of Education Sciences)之下。美国国会授予国家教育统计中心收集、整理、分析和报道全美国的教育统计数据，并且审查与国际教育活动有关的报告的权力。美国国家教育统计中心主要有评估、社会调查和数据管理三大部门，拥有极其丰富的教育信息，包括原始数据和综合报道。报道内容非常广泛，从学龄前幼儿教育研究到大学毕业生的就业情况，应有尽有。

美国另一个非常重要的可以获得各种同级院校数据的系统叫作“高等教育综合数据系统”(The Integrated Postsecondary Education Data System，IPEDS)。这个系统所收集的数据面向高等教育管理人员和研究人员。虽然下载原数据需要注册密码，但其中很多综合数据是公开对外的。“高等教育综合数据系统”是一个内部调查系统。自1965年《高等教育修正案》通过以来，“高等教育综合数据系统”开始收集参加联邦学生助学金计划的所有大学、学院及职业技术院校(technical and vocational institution)的详细信息。美国国家教育统计中心每年都会对美国高校的教育情况进行系统调查，调查内容包括各高校的招生情况、学生学业完成数据、学生毕业率、教师和工作人员情况、财务状况、学费和其他费用数据，以及学生助学金等具体数据。这些数据经整理归纳之后，通过美国国家教育统计中心的“大学导航”

(College Navigator)官方搜索网站(http://nces.ed.gov/ipeds/)免费提供给学生及其家长、院校研究人员和其他管理人员。院校工作人员可以从美国高等教育综合数据系统网站上下载许多重要的原始数据进行研究和分析,从而更好地理解自身所在高校和同级院校。

“通用数据集”(Common Data Set)是在统计高等教育数据的院校研究人员及美国大学理事会(College Board)、彼得森高教信息和美国新闻与世界报道的代表们的倡议下形成的。“通用数据集”的目的是建立清晰标准的高等教育数据项。“通用数据集”内的数据项和数据定义以美国教育部一些关于高等教育的调查题目为基础。每年“通用数据集”的报告项目和内容都要由“通用数据顾问委员会”(CDS Advisory Board)、院校研究代表及使用这些数据的人审批和改进。

每所大学负责汇总“通用数据集”的人员必须遵守每一个数据项的具体定义。院校研究办公室常常要求众多高教信息调查机构(如彼得森高教信息和美国新闻与世界报道)报告数据时使用“通用数据集”的数据项目。每年院校研究办公室需要将更新的“通用数据集”公示在院校研究办公室的网站上,或通过其他有效手段公布“通用数据集”。“通用数据集”共有十个部分:学校背景简介、学生注册率和留存率、新生录取数据、转学生录取数据、专业及其政策、学生生活情况、年度开支、学生助学金、授课教授情况及课堂规模、学位授予情况。详细数据项目及其定义参见“通用数据集”官方网站:http://www.commondataset.org。

美国高校专业人才协会(College and University Professional Association, CUPA)每年对高等院校进行多种工资调查,具体调查对象包括行政人员、专业人员、教授等。美国高校教授工资调查(Faculty in Higher Education Salary Survey)是其中之一,是专为全职教授(full-time faculty)设计的。工资数据按专业、职称,以及教授的聘用形式(终身制和非终身制)分类。除工资外,各种福利也在调查范围之内,如医疗福利、退休福利等。每年美国高校专业人才协会和美国大学教授协会(American Association of University Professors, AAUP)都会对外公布教授工资调查结果,如每年美国大学教授协会都在《学术界》(*Academe*)第3—4月期刊登教授工资调查结果。院校研究人员可以从这些调查结果中找到各大学各专业以及不同职称的教授的年收入资料。

3.5 院校研究中经常使用的软件

目前美国的院校研究办公室中最常用的数据软件可以分为五类：标准软件[主要指微软软件(Microsoft Office/Excel 等)]，统计学分析软件(SPSS/SAS/R 等)，报告软件(如 Crystal Reports)，数据库软件(如 SQL Server)，可视化软件(如 Tableau)。这些软件各有千秋。下面对常用软件做简单介绍。

人们都很熟悉微软软件，几乎每个人的电脑里都装有各种微软软件。在院校研究中，院校研究人员最常使用的软件之一就是微软的 Excel。它拥有丰富的计算功能，操作也较简单，做出的报表也非常容易编辑和修整，特别是它的数据透视表功能，对于数据的归纳和总结至关重要。另外，Excel 的表格和图像传递非常方便，有助于与同行共享。但是 Excel 在院校研究和数据分析方面也有一些缺点，例如，有些人认为 Excel 是一种数据库软件，但实际上并非如此，Excel 不具备很多数据库功能。Excel 的数据容量也是有限的，当处理大量数据时，Excel 运行速度会变慢，且其统计计算功能也相对有限。

院校研究中较常使用的统计学分析软件包括 SPSS(Statistical Package for the Social Science)、SAS(Statistical Analysis System)和 R 等。SPSS 和 SAS 可以根据简单的指令执行高度复杂的数据处理和分析，如多变量分析、数据管理和预测分析等。SAS 不但广泛用于院校研究、教育学、心理学、社会学等领域，而且常用于商业能力管理。SPSS 和 SAS 都可以处理和分析交互式和非交互式数据。R 既是程序统计语言，也是一个统计计算和制图软件，它得到了 R 基金会的赞助。R 语言被统计学家、数据挖掘开发统计软件和数据分析广泛使用。

SPSS 和 SAS 都可以做非常复杂的统计分析，还可以与 Excel 和数据库相连接，并下载原始数据。SPSS 和 SAS 操作简单，容易自学，它们的统计报告结果也简单易懂，而且可以转换成 Excel、Word、PDF 等其他形式，便于传递及与同行共享。但是，由于 SPSS 和 SAS 的分析结果是用来解释统计学现象的，不易装饰修正，其中的图和表很难直接当作报告结果使用。SPSS 和 SAS 的分析结果需要借助其他软件整理、装饰之后才可以在正规报告中使用。当数据量较大时，SPSS 和 SAS 的运转速度会受到影响。另外，SPSS 和 SAS 都必须每年更新执照，费用较高。

一个数据库建立之后，院校研究办公室的工作人员需要从数据库中提取数据、整理分析并制成报告。水晶报表(Crystal Reports)是院校研究领域流行的一个撰写报告的软件。它是基于 Windows 的专门用来整理制作报告的程序软件，院校研究人员和程序员可以使用 SQL 操作水晶报表。水晶报表可以把多种数据从不同的数据源提取出来连接集成，然后使用新产生的集成数据制作各种图或表。图表制作完成之后，更新已有报告易如反掌。报告结果可转换成多种形式，如 Html、Excel、PDF 等，使用起来非常方便。但是，要掌握水晶报表的基本功能，院校研究人员需要接受专门的技术培训。另外，水晶报表的计算功能有限，且软件费用较昂贵。现在笔者所在的大学已经用 Power BI 取代了水晶报表。相比之下，Power BI 和 Tableau 更容易操作及分享报告结果。

SQL 服务器是用于管理和存储信息的微软产品。SQL 服务器是一个"关系型数据库管理系统"(Relational Database Management System, RDMS)，它有以下两种功能。

(1) SQL 服务器是一个关系型数据库，可以储存海量数据和信息

数据库是一个很有逻辑的巨大储蓄库，我们可以把内容类似的数据储存在一起，便于管理。例如，有关课程安排的数据属于课程数据库，有关学生学习成绩的数据属于另一个数据库等。此外，数据库可以用作一种简单的安全设施。通常，虽然不是规则，数据库彼此独立应用。例如，所有计费系统的信息可以储存在一个数据库中，而所有课程注册信息又储存在另一个数据库中。办公室的两个工作人员可以操作自己的数据而互不干涉。

(2) SQL 服务器是一个完整的管理系统

SQL 的含义是结构化查询语言(Structured Query Language)，是专门用于管理和操作数据库服务器的语言。数据库的原始数据是无法按照用户

的需要重新排列组合的，这个任务需要用数据结构查询语言 SQL 在 SQL 服务器的管理系统中来完成。例如，如果要了解教授每年讲授的课程及每门课程的注册人数，从而得到教授的工作量，就需要把教授数据库的数据与课程数据库的数据相连接，再做些简单计算、排列等来完成目标。

上文提到 SQL 服务器可以储存并管理大型数据库，具有很强的整理连接各种数据，调整并重新组合复杂数据的功能，且保密系统良好。但是灵活运用 SQL 服务器和编写 SQL 程序需要专门的 IT 管理人员或者经过训练的院校研究人员，且软件成本较高。

数据可视化在院校研究的数据分析结果报告中的作用越来越重要。它不仅可以帮助读者清晰地认识研究结果，还可以帮助读者快速准确地解读数据结果。目前院校研究人员常用的可视化工具是 Power BI 和 Tableau。这两个工具功能强大，几乎可以识读所有数据工具（如 Excel、SAS、SPSS）制作的数据表格。更重要的是，它们可以直接与数据库对接并提取数据，而且其使用者可以直接通过网络发布其生成的可视化产品。因此，这两个工具最大的特点是操作便捷、可视化效果好。

4 统计学数据分析简介

4.1 统计学的特点

简单来说，统计学研究的目的是探索各种现象变化的规律性。统计学研究通过收集所观察到的数据，进行量化分析、总结，进而进行推断和预测，为相关决策提供依据和参考。在商业活动中，统计学可以帮助生产者认识市场、发现问题，从而寻求更好的发展；在院校研究中，统计学能够帮助各级院校管理部门进行宏观决策、调控和监测，以实现院校良性运行。毋庸置疑，统计学已经越来越深入地渗透到院校研究的各个方面，成为院校管理、教学质量分析和解决问题的重要工具和方法。从宏观角度来看，统计学的特点可以归纳为以下四个方面。

（1）数字特征

统计学研究通过应用大量数据来总结大量自然现象和社会现象的总体

特征。可以说，数字是统计学的语言，使用数字是统计学区别于其他学科的最根本的特点。例如，要研究某一大学的生源问题，首先需要统计在过去的某一段时间内毕业的高中生的数量和质量，然后将该群体的数量与质量关联起来进行分析，得出潜在的大学新生生源水平。也可以把生源的潜在水平与该校在本地区的竞争力两个指标进行对比分析，从而观察高中毕业生进入大学的规律。还可以进一步分析两个指标之间的比例关系，讨论比例应该维持什么样的数量界限，才能既稳定该校的新生生源，也保证新生的质量，促进该校稳定发展。因此，统计学在研究各类自然现象和社会现象时，都是从具体数据开始分析的，它具有数字特征。

(2) 整体特征

统计学研究社会或高等教育现象的数量方面，不是指研究个别现象的数量特征，而是指研究由许多个别现象构成的整体的数量特征，即通过对大量的个别现象所组成的整体进行观察和分析，来揭示社会或高等教育现象的一般特征。由于社会和高等教育研究问题错综复杂，个别现象因为所处的时间、地点等条件不同，会表现出偶然性和不确定性，难以代表总体现象的本质和规律。只有以总体现象为研究对象，才能消除偶然性因素的影响，防止“只见树木，不见森林”的片面性，从而准确地揭示各类社会和高等教育研究问题的本质特征。当然，任何一个总体都是由不同个体构成的，要认识社会和高等教育研究问题的总体特征，就必须从个体入手，从个体到总体。例如，要研究某学院的教学质量，就需要对全院各系、各专业的所有课程、授课人员，以及所有学生的学习成绩和背景材料做一个总体统计。如果有条件的话，还要将数年数据及竞争院校的数据包括在内。这样才能消除专业、生源，以及教师背景特征、教学水平等多方面的差异，反映全院教学水平的一般情况。因此，对个体现象的认识是统计学研究的基础，但统计学不只是停留在对个体的认识上，而是通过对个体的分析归纳概括出总体特征，达到对现象整体规律性的认识。

(3) 个性特征

统计学的研究对象是自然或社会现象中的具体数量表征，而不是抽象的数量值，这也是统计学和数学的重要区别。这是由于社会现象中的人或事都是具体的、有个性的。因此，离开具体的人或事，统计学就无法说明其所研究现象的本质及规律。例如，大学的教学质量既存在专业上的差异，也存在学生和教授素质上的差异。这就要求研究人员在进行院校研究时，除了要考虑数据的普遍性，还必须注意数据的特殊性和个性，如年代和历史背景。统计学不是研究抽象数字，而是研究具有个性特征的数据。

(4) 环境特征

院校研究统计学属于社会科学范畴，它的研究对象是各种社会现象，包括高等教育的政治环境和经济环境。统计学通过对社会现象和政治经济环境的调查研究，来认识人类活动的条件、过程和结果，反映出各类社会、政治、经济关系都是在一定的时间、地点、条件下发生的。这就使得统计学在研究社会现象时，在客观上有了社会、政治、经济关系的内涵。从社会、政治、经济层面认识事物，将所研究的现象区分为不同性质的组成部分，是进行统计的前提。例如，为了深入分析教学质量，可以从师生关系紧张或轻松、友好或冷淡的情况出发进行调查分析，探究师生关系是不是导致教学质量差异的原因，从而全面客观地说明教学质量和管理的情况，这一调查方法也充分考虑了社会环境这一要素。如果不考虑师生工作和学习的具体环境，得出的结论会影响对统计分析结果的判断和解释，甚至会引起各种院系之间不必要的矛盾和问题。因此，社会环境是统计学区别于其他自然科学的另一个主要特征。

4.2 统计学的分类

统计学产生于应用，在应用过程中发展壮大。随着社会、经济和科学技术的发展，统计学与经济学、管理学及计算机科学互相渗透，不断深化和丰富了传统领域的理论与方法，并且开拓了新的领域。从具体的应用层面来看，统计学又可分为描述性统计学和推断性统计学，它们基本涵盖了统计学的所有理论和方法。了解描述性统计学和推断性统计学的概念对于掌握统计学的学科体系具有重要意义。

4.2.1 描述性统计学

描述性统计学旨在对收集到的数据进行加工整理、归纳概括，并通过图示、列表等形式反映数据的特征与规律。对于收集到的样本数据,我们常用概括性的量度进行描述,对其数量特征和数量关系进行研究和分析。因此,描述性统计学常被用来整理和概括数据的各项特征。进行数据分析时,首先需要作描述性统计,通过描述性统计结果了解数据的基本分布情况,为之后的分析研究做准备。描述性统计方法主要涉及数据的集中性和数据的分散性,是院校研究中最常用的一种方法。常用的描述性统计方法包括频度、百分比、中位数等。

4.2.2 推断性统计学

推断性统计学的目的是基于收集的样本数据,对相关总体作出推断。其特点是根据观测到的样本数据、问题和假设,对未知事物作出以概率形式表述的推断。推断性统计学既可以用于对总体数量特征的估计,也可以用于对某些假设的检验。

从对已知信息的描述到对未知信息的推断,我们先是对已经存在的事实进行观察,并描述现象在具体时间、地点、条件下的数量表现。但统计的最终目的通常是根据已知数据去推断所要研究的未知情况或假设。例如,根据已知的样本资料推断未知的总体数量特征,根据已知的样本资料推断未来的发展趋势,等等。所以,从描述性统计到推断性统计,体现了人们对统计学认识的延伸和拓展。在院校研究中,院校研究人员经常需要在事情发生之前作出预测。例如,在招生活动未截止时预测秋季招生人数,帮助招生办公室及时调整招生政策从而达成预期招生目标。

无论是描述性统计学还是推断性统计学,都被广泛地应用在院校研究中。统计学在院校研究中展现出强大的生命力和重要作用,国家政府机关、各大院校及有关高等教育研究机构都需要进行统计工作。未来,统计学的理论和实践深度会不断地得到发展,这要求院校研究人员掌握并更新统计学的知识和方法,具备收集、整理、分析和预测各类信息的实际能力,从而为今后的工作打下坚实的基础。

参考文献

[1] TERENZINI P T. On the nature of institutional research and the knowledge and skills it

requires[J]. Research in Higher Education, 1993(34): 1-10.
[2] TERENZINI P T. On the nature of institutional research and the knowledge and skills it requires[J]. New directions for institutional research, 1999(104): 21-29.
[3] ANDERSON T W. An introduction to multivariate statistical analysis[M]. New York: John Wiley & Sons, 1971.
[4] GINDER S, KELLY-REID J, MANN F. Graduation rates for selected cohorts, 2006-11; student financial aid, academic year 2013-14; and admissions in postsecondary institutions, fall 2014: first cook[J]. National Center for Education Statistics, 2015.
[5] DILLON W R, Goldstein M. Multivariate analysis[M]. New York: John Wiley & Sons, 1984.
[6] SALKIND N J. Statistics for people who (think they) hate statistics[M]. 4th ed. Thousand Oaks: SAGE Publications, Inc, 2011.
[7] SEBER G A F. Multivariate observations[M]. New York: John Wiley & Sons, 1984.
[8] WONNACOTT T H, WONNACOTT R J. Introductory statistics for business and economics[M]. New York: John Wiley & Sons, 1984.

统计方法及其在院校研究中的应用

曹小兵　谭　钦

内容提要　本文主要介绍一些基础统计学概念和研究方法，包括描述性统计学、相关系数、数据对比，以及它们在院校研究中的重要作用。无论进行多么复杂和烦琐的统计学分析，首先一定要了解数据的基本分布情况和特点。这就需要运用描述性统计学来描述和概括数据。我们经常使用平均数及数据的集中和分散程度来理解某一个变量的特点，有时还需要使用相关系数来理解一个变量与其他变量之间的基本关系。描述性数据分析方法在院校研究中的使用非常普遍，它是进行任何一种复杂统计分析的基础。本文还介绍描述性统计学的特点和其在院校研究中的应用、相关系数的计算与含义，以及一些数据比较的基本概念、方法。

关键词　描述性统计　相关系数　*t* 检验

1. 引言

掌握统计学知识及其应用技巧是院校研究人员必须具备的基本业务素质。院校研究办公室很大一部分工作是充分使用各种数据资源，如院校数据库的数据、学生和教职员工的问卷数据、国家高等教育数据等。这些数据资源常常用来为院校决策提供科学的依据。院校研究人员需要运用统计学的分析方法为院校决策人员提供有关信息来支持院校管理和方针政策的制定,如新生录取方案制定、学习环境优化、财经管理等。

统计学是一个非常庞大复杂的领域。但在众多复杂高深的理论和分析方法中,简单易懂的基础统计方法在院校研究中的使用非常广泛。这些基础统计方法包括描述性统计方法、相关系数、t 检验等。美国的院校研究人员能够非常娴熟灵活地运用这些最基础的统计概念来处理日常工作,并且协助院校领导作出许多重大决策。很多院校管理中的重大决策都是基于这最基础的研究方法作出的。

本文向读者介绍一些基础的统计学概念和分析技巧。包括如何选择最适当的分析方法解决较复杂的院校研究课题,以辅助院校领导制定完美决策。

2. 描述性统计学

描述性统计学(Descriptive Statistics),顾名思义,即用来描述统计数据的科学,能够帮助人们了解收集到的数据的集中和分散程度。掌握描述性统计学的基本概念,有助于院校研究工作人员灵活掌握一些简单的分析方法,以应对日常工作需要。从另外一个角度来说,描述性统计学是进行任何统计分析的基础。无论做多么烦琐的统计分析和建模,首先都需要认真了解手中数据的分布情况。简单来说,描述性统计学包括三部分数据:集中趋势(central tendency),变化程度(variability)和分布形状(distribution shape)。因此,检查数据的分布情况就是检查数据的集中和分散程度,以及对称性和峰度。集中程度用各种平均数来测量,分散程度用极差和方差来测量,对称性和峰度用偏斜度系数和峰度系数来测量。

2.1 集中趋势(central tendency)

提取数据后,第一步通常应该使用一些简单的指标来观察数据的分布情况,而集中趋势就是应分析的首要指标。集中趋势测度是寻找数据的代表值，它揭示各个数值所聚集的中心位置，反映的是一组数据所具有的共同趋势。下面将分别介绍三种常用的测量集中趋势的方式，即平均数（mean）、中位数（median）、众数（mode）。需要解释的是，英文统计术语中的“mean”和“average”的概念不同，虽然二者在中文中都被翻译为“平均数”，但是“mean”只是“average”中的一种。“average”包括平均数（mean）、中位数（median）和众数（mode）。下面将逐一解释这三个概念。

2.1.1　平均数（mean）

平均数（mean）是最常用的一种测量集中趋势的统计量，它反映的是一组数据的总体平均水平。平均数与这组数据中的每个数值都有关系，所以平均数的应用最广泛，如平均成绩、平均工资等。平均数的计算公式为：

$$\overline{X}=\frac{\sum X}{n} \tag{2-1}$$

根据式(2-1)可知，一组数据的平均数 $\overline{X}$ 等于所有数值的总和除以样本量 n。我们通常用希腊字母 $\sum$ 表示所有数值的和，记作 $\sum X$。$\sum$ 对应英文“sum”，表示求和。计算平均数应遵循以下步骤：①列出每个数值 X。②将每个数值相加求和 $\sum X$。③用数值的总和 $\sum X$ 除以这组数据的样本量 n。

例如，有 12 名新生，他们高中时期的学习成绩的平均分分别为：

3.90，3.59，3.85，3.85，3.85，3.67，3.50，3.75，3.51，3.89，3.98，3.10

将以上成绩代入式(2-1)，可以得到：

$$\begin{aligned}\overline{X}&=\frac{\sum X}{n}\\&=(3.90+3.59+3.85+3.85+3.85+3.67+3.50+3.75\\&\quad+3.51+3.89+3.98+3.10)/12\\&\approx 3.70\end{aligned}$$

2.1.2 中位数(median)

中位数为在一组数据中处于中间位置的值。也就是说,有 50%的数值落在这个值之下,同时也有 50%的数值落在这个值之上。需要注意的是,计算中位数没有统一的公式,而是应遵循以下步骤:①将一组数据中的每个数值由小到大(或由大到小)重新排序。②找到处于中间位置的那个值。

仍以上述 12 名新生的高中学习成绩为例。首先,按照从低到高的顺序重新排列这 12 名新生的高中成绩:

3.10,3.50,3.51,3.59,3.67,3.75,3.85,3.85,3.85,3.89,3.90,3.98

然后找到处于中间位置的数值。由于这组数的数量是偶数,所以处于中间位置的数值有两个(3.75 和 3.85),这时需要计算出这两个数值的平均值,即中位数=(3.75+3.85)/2=3.80。如果数值的数量是奇数,那么将数值从小到大排列后,处于中间位置的数就是中位数。

2.1.3 众数(mode)

众数是测量集中趋势的第三种方式。从字面理解,“众”有众多之意。因此众数即出现次数最多的数值。众数很容易求得,不需要通过公式计算,一般只要稍作观察即可。求众数应遵循以下步骤:①列出分组后的每个数值。②算出每个数值出现的次数。③出现次数最多的数值就是该组数据的众数。

仍以上述 12 名学生的高中成绩为例。按照从低到高的顺序重新排列这 12 名新生的高中成绩:

3.10,3.50,3.51,3.59,3.67,3.75,3.85,3.85,3.85,3.89,3.90,3.98

很容易看出,其他成绩各仅出现了一次,只有 3.85 出现了三次,因此 3.85 就是这组数的众数。

如果每个数值都仅出现一次,那么这组数据就没有众数。

有读者可能有这样的疑问:当数据量很小时,我们可以通过简单算一算、排一排、数一数找到众数;但如果数据量较大,我们应该怎样求得其平均数、中位数和众数呢？这就需要利用统计学软件来完成了。美国院校研究办公室最常使用的两个数据统计软件是 SPSS 和 SAS。Excel 也可以计算平均数、中位数和众数。

2.1.4 使用计算机软件计算描述性统计学数据

下面简单介绍如何使用 SPSS 计算平均数、中位数和众数。仍以上述 12 名学生的高中成绩为例。

第一步：打开 SPSS 软件。在“Variable View”变量窗口上设置两个变量：ID 和 HS_GPA。然后在“Data View”数据窗口上输入 ID 和 HS_GPA 的值。ID 可以用 1～12 代表；HS_GPA 代表 12 名学生的成绩。

第二步：打开“Analyze”，选择“Descriptive Statistics”，再选择“Frequencies”(图 1)。

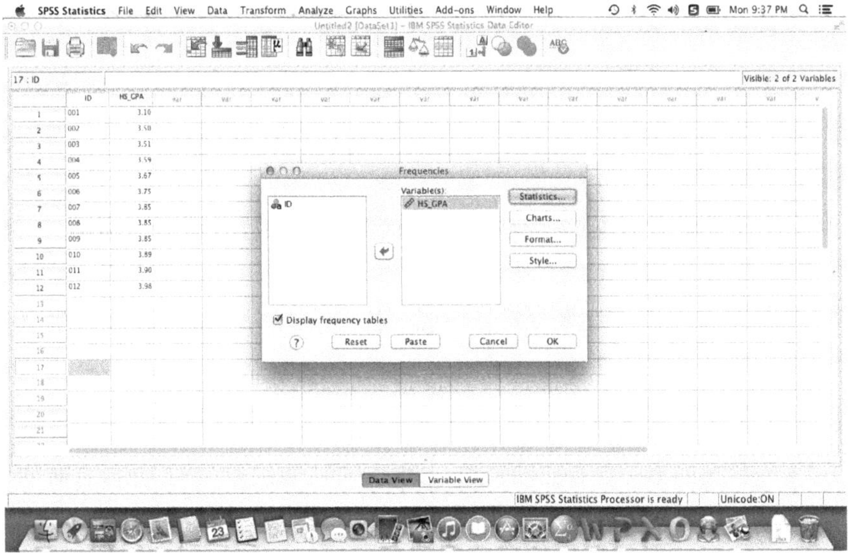

图 1　SPSS 软件示意

第三步：打开“Frequencies”小窗，把 HS_GPA 拉到右边的“Variable(s)”下。

第四步：打开“Statistics”，选择“Mean”“Median”和“Mode”。

然后点击“Continue”键，再点击“OK”键就可以得到结果(表 1)。

表 1　统计结果

HS_GPA

N	有效值	12
	缺失值	0
平均值		3.70
中位数		3.80
众数		3.85

2.1.5　平均数、中位数和众数的特点

平均数、中位数和众数都是用来描述数据集中趋势的统计量，都能反映数据的某些特征，并作为概括数据的代表。下面我们来比较一下这三种平均数在具体应用时的特点。

平均数是描述性统计学中最常用的测量值。平均数可靠且稳定，它与每一个数值都有关系，反映的信息最充分。平均数既可以描述一组数据的整体平均情况，也可以作为比较不同组数据的标准。但是，平均数非常容易受极端值（偏大或偏小的数值）的影响：当一组数据中出现偏大数值时，平均数就会偏大；当一组数据中出现偏小数值时，平均数就会偏小。因此，当数据不存在极端值时，用平均数来描述一组数据的集中趋势是比较合适的。另外，专业、种族、性别等名义变量（Nominal Variables）的平均数无法计算。

中位数的可靠性比较差，因为它只利用了部分数据。但中位数不像平均数那样易受个别数据的影响。当一组数据中存在极端值时，用中位数来描述该组数据的集中趋势比较合适。例如，对比两组教授的工资，有时使用中位数要比使用平均数更准确些，虽然调查对象都是正教授，但是法学院和医学院的某些正教授的工资往往会拉高平均工资。为了避免这些极高的工资影响平均值，有时比较工资不应使用平均数，而应使用中位数。

众数的可靠性也比较差，因为它也只利用了部分数据。在院校研究中，研究人员很少使用众数。尽管找出众数的方法很简单，但是它并不是一个能精确描述集中趋势的统计量，常常依赖数据的分组情况，即如果分组改变，众数就可能发生较大的变化。当一组数据的众数的出现次数不具有明

显优势时，用它来反映一组数据的典型特征不可靠。此外，众数有时不具有唯一性。在一组数据中，可能有不止一个众数，如有几个出现次数一样多的数值；也可能没有众数，如各个数值均只出现了一次。

通过比较一组数据的平均数、中位数和众数，我们会对这组数据有新的概念。图 2 展示了如何通过比较平均数、中位数和众数的分布来了解数据的情况。

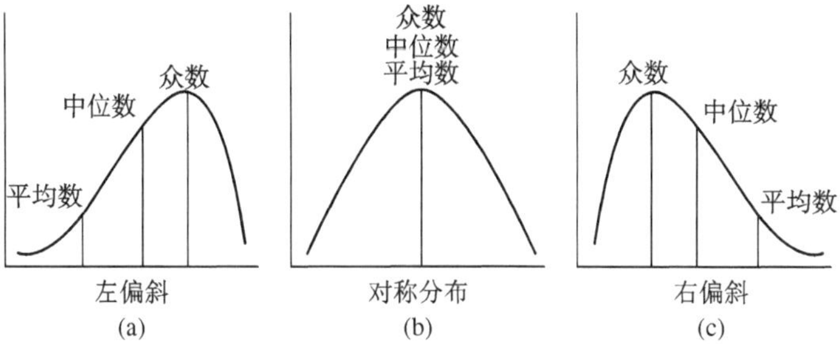

图 2　平均数、中位数和众数比较

图 2-(b)显示，当数据对称分布时，平均数、中位数和众数的值相等。图 2-(a)显示，当数据分布弧线向左偏斜时，平均数小于中位数和众数。这组数据的分布情况表明，可能有一些小数值缩小了平均数。图 2-(c)显示，当数据分布弧线向右偏斜时，平均数大于中位数和众数。这组数据的分布表明，可能有一些大数值拉大了平均数。掌握了这些规律后，当我们把平均数、中位数和众数放在一起观察时，就不难得知数据大概的集中趋势了。

2.2　变化程度(variability)

2.1 讨论了描述集中趋势的三个统计量，其中平均数是一种很重要的测量方式。我们常常用平均成绩、平均收入、平均满意度来描述有关数据。虽然平均数的计算与每一个数值都有关，比较准确，但是只使用平均数来描述数据存在一定的片面性。因为有时同样的平均数可能来自不同的数字组合。例如，以下三组数据的平均数都是 5，但这三组数据的组合情况却完全不同。这三组数据之所以相同又不同，是因为每组数据的变化程度很不相同。

第一组：5,5,5,5,5,5

第二组：5,4,6,8,2,5

第三组：9,1,4,5,2,9

以上三组数据中，第一组数据的数值没有变化，第二组数据的数值的变化程度比第一组大，第三组数据的各个数值间的变化程度最大。如果只根据平均数相同就下结论说这三组数据相同，那就有些片面了。我们需要了解数据的变化程度，并学会计算变化程度。变化程度亦被称作分布程度或离散程度，用来描述数值之间不同程度的统计量。更准确地说，变化程度用来检测各个数值相对于一个特定数值（即平均数）的分布情况，因此，我们可以想象变化程度就是描述各项数值散落分布在平均数周围的不同情形。在此介绍三种最常用的变化程度测量方式：极差（range）、标准差（standard deviation）和方差（variance）。

2.2.1 极差（range）

极差（也称全距）是测量数据变化程度的最简单方法之一。它表示两个极端数值之间的距离，即用一组数据中的最大值减去最小值得出的结果。极差的计算公式如下：

$$r = h - l \tag{2-2}$$

式中，r 表示极差；

h 表示最大数值；

l 表示最小数值。

以下面这组数据为例：8,1,4,5,2,6，其极差为 $r=8-1=7$。极差虽然容易计算，但其仅用来测量数值之间最概括性的不同，只能反映从最大值到最小值的分布范围，而不能反映分布在中间部分的数值的变化情况。此外，极差的计算只用了两个极端值，它受极端值的影响很大，有时是不可靠的。尽管极差可以作为测量变化程度的一项指标，但是它不能用来测量各个数值之间的差异。因此，除了极差，我们还要利用其他测量变化的指标，如标准差和方差。

2.2.2 标准差(standard deviation)

标准差是使用频率最高的一种测量变化的方式，它是一种对各个数值分布的变化性有较全面评价的度量方式。从字面意思理解，标准差就是数值相较于标准的差异。实际上，标准差衡量所有数据偏离其平均数的程度。如果某组数据的标准差大，那么该组数据里的各个数值偏离平均数的程度大。相反，如果某组数据的标准差小，那么该组数据里的各个数值偏离平均数的程度小。

计算标准差时，首先要考虑每个数值与平均数的偏差 $(X-\overline{X})$。由于偏差有正有负，偏差的和总是零。因此，平均偏差对于描述数据的变化性是毫无用处的。为了得到有价值的描述变化的度量，我们必须将所有偏差 $(X-\overline{X})$ 作平方计算，因为 $(X-\overline{X})^2$ 都是正值。接下来求 $\sum(X-\overline{X})^2$，$\sum(X-\overline{X})^2$ 的意思是将所有偏差值的平方加在一起求和。然后用 $\sum(X-\overline{X})^2$ 除以 $(n-1)$。最后再将所得的值开平方根。这样得到的结果就是标准差，计算公式如下：

$$s=\sqrt{\frac{\sum(X-\overline{X})^2}{n-1}} \tag{2-3}$$

式中，s 代表标准差；

$\sum$ 代表把各项数据加在一起；

X 代表每个数值；

$\overline{X}$ 代表所有数值的平均数；

n 代表样本量(sample size)。

下面以一组数据为例，一步步解释说明如何计算标准差(表 2)。

第一步：列出每个数值 X，不用按照特定顺序排列；

第二步：计算出这组数据的平均数 $(\overline{X})$；

第三步：用每个数值减去平均数 $(X-\overline{X})$；

第四步：将每个数值减去平均数后作平方计算 $(X-\overline{X})^2$；

第五步：将每个数值与均值的偏差的平方求和；

第六步：用各数值减去均值后的平方和除以 $(n-1)$；

第七步：将第六步得到的数值开平方根，计算出这组数据的标准差。

表 2　标准差计算流程表

第一步	第二步	第三步	第四步
X	$\overline{X}$	$X-\overline{X}$	$(X-\overline{X})^2$
8	5	3	9
7	5	2	4
6	5	1	1
7	5	2	4
5	5	0	0
4	5	−1	1
5	5	0	0
1	5	−4	16
4	5	−1	1
3	5	−2	4
—	—	—	40

↑

第五步：$\sum(X-\overline{X})^2=40$；

第六步：$40/(n-1)=40/9\approx 4.444$；

第七步：$\sqrt{4.444}\approx 2.11$。

2.2.3　*方差*(variance)

第三种测量变化程度的方法是计算方差。将标准差做平方计算得到的结果就是方差。在 2.2.2 中，我们用七个步骤计算出了一组数据的标准差为 2.11，而在第六步得到的结果就是方差。有读者可能会有疑问：既然有了标准差，为什么还要讨论方差呢？之所以说方差是有用的，是因为当我们研究基础数学原理及更加高级的统计模型(如结构方程模型)时，计算方差更常用且更方便。当然，在分析处理基础数据的实际工作中，计算方差几乎没有什么意义。如果我们正在做数学理论研究或使用更为复杂的统计模型，计算标准差又几乎没有什么意义了。

虽然在调查研究报告中，用方差来衡量变化程度很少见，但是方差和标准差一样，都反映了数据对其均值中心的离散程度。由此我们可以推论，在标准差和方差数值较小的一组数据中，各数值一定比较集中地分布在均值附近，反之则是比较分散地分布在均值周围。以上文提到的三组数据“5，5，5，5，5，5”“5，4，6，8，2，5”“9，1，4，5，2，9”为例，虽然三组数据的平均数都为5，但第一组数据分布最集中，第二组数据的分布情况次之，第三组数据分布则最分散。这三组数据的方差分别为0、4、11.6，标准差分别为0、2、3.4。

2.2.4　使用计算机软件计算变化程度

下面简单介绍如何用SPSS软件计算平均值、标准差和方差。

第一步：打开SPSS软件。

第二步：点击“Analyze”，然后选择“Descriptive Statistics”，再选择“Frequencies ...”。

第三步：把所要研究的变量拉到右边“Variable(s)”方框里。

第四步：点击“Statistics”，选择“Mean”“Std. deviation”“Variance”和“Range”，然后点击“Continue”键（图3）。

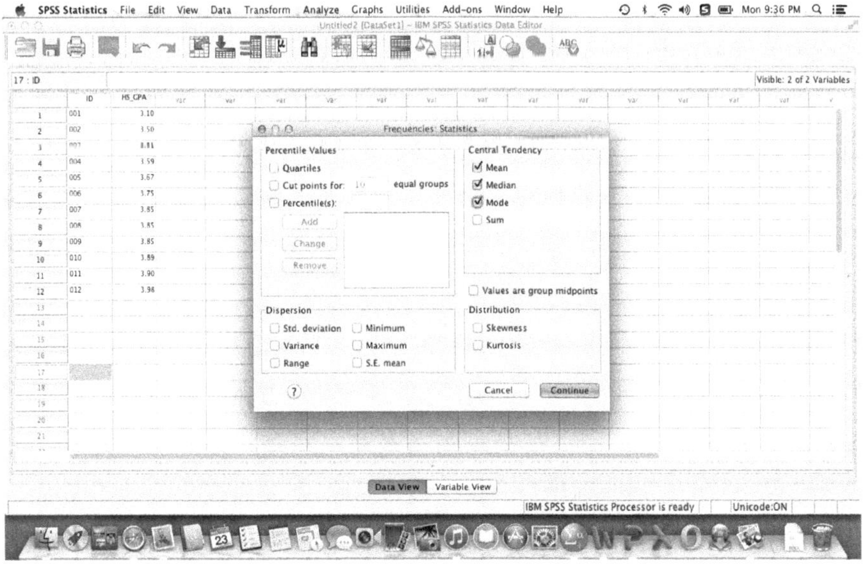

图3　使用SPSS软件计算平均数、标准差和方差

第五步：点击"OK"键就可以看到结果了(表3)。

表3　平均数、标准差、方差计算结果

数据			
	第一组	第二组	第三组
有效值数量	6	6	6
缺失数据	6	6	6
平均数	5.00	5.00	5.00
标准差	0.000	2.00	3.41
方差	0.000	4.00	11.60
极差	0	6	8

2.2.5　标准差与方差的区别

标准差和方差描述的都是一组数据中各个数值对它们的平均数这个中心的偏离程度,即一组数据的变化程度。标准差和方差越大,这组数据的变化程度就越大。那二者有什么区别吗?

标准差与方差的不同之处在于,标准差的单位和原数据的单位相同,而方差是各数据减去平均值之后的平方和,其单位是原数据单位的平方。因此,在基础数据分析中,我们更多地使用标准差。例如,一组大学生平均第一学年得到28.6个学分,标准差是5.86,方差是34.4。标准差5.86代表各个学生第一学年所得学分对平均所得学分的偏离程度。学生A在第一学年所获得的20个学分,与所有学生得到的学分的平均值相差大约1.4个标准偏差[(28.6−20)/6≈1.4]。如果在这里通过计算方差来解释偏差,平均学分是28.6,而方差是43.4,大大超过了平均数,不容易理解。相比之下,和原数据单位一致的标准差则让人一目了然。因此,在测量变化的具体应用中,标准差比方差更有意义。但是方差在方差分析、回归分析等推理统计运算中非常重要。

3. 描述性统计学在院校研究中的使用

描述性统计是院校研究工作中常用的分析方法，它看似简单，但是很多重大的院校决策常常基于一些院校研究的最基本课题作出。而这些数据和研究结果往往是应用描述性统计分析方法得出的，甚至一些复杂的院校管理模型，如院系审核工作（Program Review）、招生管理模式（Enrollment Management Model）等，也可以使用描述性统计分析方法来完成。

除此之外，很多常用的全国院校研究报告也使用平均数和百分位(percentile)来总结归纳复杂数据。例如，美国高等教育综合数据系统（The Integrated Postsecondary Education Data System，IPEDS）的各种年度调查、院校通用数据集（Common Data Set，CDS）、各院校的年度快报（Fast Fact）等，都是使用描述性统计方法来总结归纳数据的。下面举一个院校通用数据集的例子。

院校通用数据集是全美高等院校联合建设的年度院校数据大全。它包括新生录取、学生注册、学院生活、学生助学金、教学活动等十个方面。院校通用数据集的内容和计算方法是全美统一的，内容是对外公开的，为院校之间重要数据的对比和参考提供了非常方便的渠道。表 4 摘自院校通用数据集第三部分：新生[First-time，First-year (Freshmen) Admission]，这部分数据使用了 25 百分位和 75 百分位。顺便说一下，当我们有了 25 百分位和 75 百分位，就不难计算出中位数，而平均数往往与中位数接近。院校通用数据集第三部分总结归纳了新生录取方方面面的信息，例如新生高中学习成绩、入学考试成绩等方面的数据，可以反映新生的专业和文化水平。SAT 和 ACT 是美国最常用的两个大学录取考试。SAT 是“Standardized Test”的缩写，其考题由美国教育部编写，包括阅读、数学、写作和一些专业课程考试，如化学、生物等。SAT 的总分为 2 400，各门考试的最高分是 800，最低分为 200。大学在录取学生时经常参考学生的 SAT 阅读、SAT 数学、SAT 写作三门成绩，以及其高中成绩。ACT 是美国大学入学的标准化考试之一。每门测验分数为 1～36，内容和 SAT 相似。这些数据是院校研究办公室基础研究的内容，可以显示出新生的质量，其中的学生保留率和毕业率也是院校研究中很重要的自变量。很多研究证明，大学生的入学成绩与大学生大学一年级的学习成绩及其第一年的保留率有着紧密联系。

表 4　通用数据集第三部分，第 C9 小题样例

	25 百分位	75 百分位
SAT 阅读分（SAT Critical Reading）	650	740
SAT 数学分（SAT Math）	680	770
SAT 写作分（SAT Writing）	660	750
SAT 论文分（SAT Essay）	640	700
ACT 综合分（ACT Composite）	28	34
ACT 数学分（ACT Math）	26	32
ACT 英语分（ACT English）	24	30
ACT 写作分（ACT Writing）	26	30

很多全国高校学生调查结果也是使用描述性统计方法得出的。下面一个例子来自全国大学生参与校园活动问卷（National Survey of Student Engagement）。整个问卷有近百道题目，所有题目都是使用描述性统计方法来总结归纳的。表 5 是其中的一道题——“学生是否经常给其他同学讲解课堂所学内容”的统计结果。根据表 5 中的数据分布和平均数，不难看出“你校”的学生比全国学生更经常给其他同学讲解课堂所学内容。当然，要想知道表 5 中的平均数“3.02”和“2.74”是不是真正不同，还需要使用 t 检验作进一步数据分析。下文将专门讲解 t 检验和有关统计分析方法。

表 5　全国大学生参与校园活动问卷例题——
“学生是否经常给其他同学讲解课堂所学内容”的统计结果

选项	你校		全国	
	n	占比	n	占比
从不	6	2.1%	14 708	5.5%
有时	73	23.9%	93 428	35%
经常	128	44.0%	99 876	37.5%
非常频繁	85	30.0%	58 561	22.0%
总和	292	100%	266 573	100%
平均数	3.02		2.74	

4. 相关系数及相关系数在院校研究中的应用

前文提到，无论进行多么复杂的统计运算，首先要作一个描述性统计分析。描述性统计方法测量的是变量本身的集中趋势和分散程度。根据集中趋势和离散程度可以了解一个或一组变量自身数值之间的分布情况，从而对手中的数据有基本的了解。除此之外，开展院校研究常常还需要分析两个或两个以上变量之间的关系，更准确地说，观察当一个变量发生变化时，另一个变量或几个变量是否也发生变化。这时需要进行另外一种基本的统计学分析——相关系数分析。描述性统计分析只展现一个变量的数据分布情况，而相关系数分析能够展现变量与变量之间的关系。下面举例说明什么是相关系数及其具体应用。

图 4 展示了某大学的 30 名学生的高中学习成绩（HS_GPA）及他们大一学年的学习成绩（Yr1_GPA）。图中每一个圆点都表示一对坐标。横坐标代表高中学习成绩，纵坐标代表大一学年的学习成绩。如果想了解这些学生大学一年级的学习成绩是否与他们高中学习成绩有关，只用坐标图很难测量出二者之间的准确关系，这时就需要采用相关系数的分析方法。相关系数可以测量出高中学习成绩和大学一年级学习成绩是否存在某种关联，以

及存在什么样的关联。下面重点介绍相关系数的计算方法及相关系数代表的关联程度。

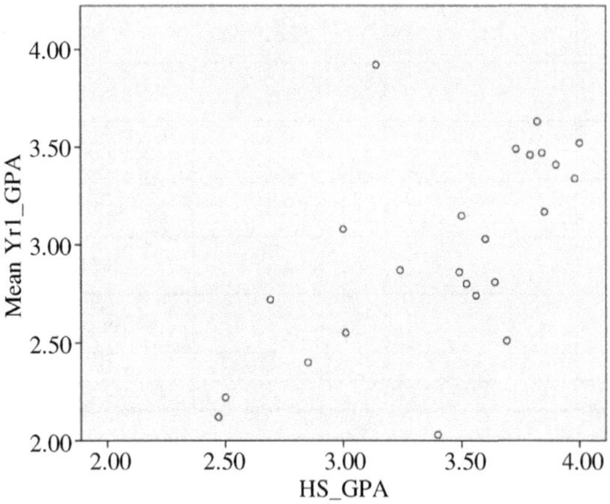

图 4　30 名大学生高中学习成绩和大学一年级学习成绩坐标图

4.1　相关系数的概念和种类

相关系数（correlation coefficient）是用数字反映两个定理变量（quantitative variable）之间的相互关系的统计指标。这个统计指标是卡尔·皮尔逊（Carl Pearson）发明的，因此其又被称作皮尔逊相关系数（Pearson correlation coefficient）。总体的皮尔逊相关系数用希腊字母 ρ 表示，样本的皮尔逊相关系数则用小写字母 r 表示。

首先要解释一下，当两个现象之间存在某种相互联系时，并不等于它们之间也一定存在着因果关系。相互联系和因果关系是两个不同的概念。有时 A 变量发生变化，B 变量也变化。但这并不一定表明 B 变量的变化就一定是由 A 变量的变化造成的。例如，冰淇淋销售得多的时候泳衣也销售得多。从表面上看，冰淇淋的销售量和泳衣的销售量存在着某种关系，但是如果说泳衣的销售量增长是由于冰淇淋的销售量增长造成的，就显得很滑稽。从统计学的角度，我们可以说这两种商品的销售量有联系，但是从理论上看，它们之间并没有任何因果关系。相关系数仅仅提示两个事物是否有联系，并不能证明两个事物有任何因果关系。因此，我们只能观察两个变量之间的关系，确认这两个变量之间到底有没有因果关系需要寻找具体的理论根据。

两个变量之间的关系，可分为正相关关系和负相关关系，可以用正负号来表示。正相关关系是指两个变量按照一致的方向变化，用正的 r 值表示。负相关关系是指两个变量按照不一致的方向变化，用负的 r 值表示。相关系数 r 的数值介于 -1 和 1 之间。r 的绝对值代表相关性的强弱。如果 $r=0$，则表示两个变量没有相关性；r 值越接近 0，两个变量的相关性越弱。当 $r=-1$ 时，两个变量呈完全的负相关性；r 值越接近 -1，两个变量的负相关性越强。当 $r=1$ 时，两个变量呈完全的正相关性；r 值越接近 1，两个变量的正相关性越强。表 6 总结了两个变量的四种相关性类型。

表 6　皮尔逊相关系数 *r* 的解读

变量 1	变量 2	相关性类型	相关系数 r 值	举例
增大	增大	正相关关系	正值($0<r<1$)	在学习上投入的时间越多，考试分数就越高
减小	减小	正相关关系	正值($0<r<1$)	在美国，家庭收入越低，本科学生家庭所需要为孩子承担的花费就越少
增大	减小	负相关关系	负值($-1<r<0$)	锻炼身体越多，身体中的不健康脂肪就越少
减小	增大	负相关关系	负值($-1<r<0$)	在美国，本科大学生的家庭收入越低，学生获得的学业资助就越多

相关系数所代表的两个变量之间的关系也可用图 5 来表示。图 5-(a)代表两个变量呈正相关性：变量 1 越大，变量 2 也越大，变量 1 越小，变量 2 也越小；图 5-(b)代表两个变量呈负相关性：变量 1 越大，变量 2 反而越小，变量 1 越小，变量 2 反而越大。

4.1.1　相关系数的计算方法

我们已经知道相关系数 r 值可以测试两个变量间的相关程度。r 值的

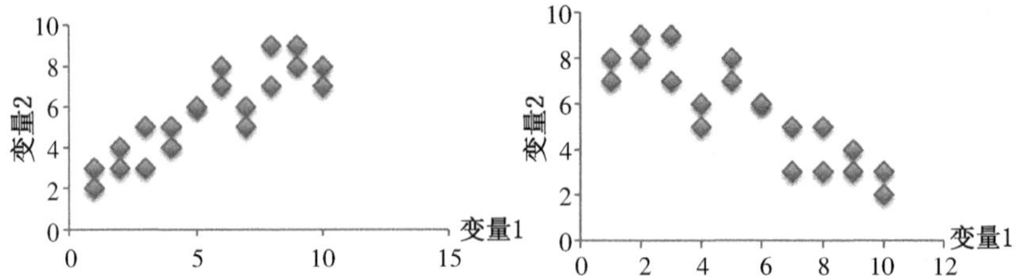

(a) 当r为正值时　　(b) 当r为负值时

图 5　正负相关性示意图

绝对值越大，两个变量间的相关性就越显著。r 值的绝对值越小，两个变量间的相关性就越不明显。实际的调查应用中，我们通常需要计算包含很多数值的两个变量之间的相关系数(如变量 1 与变量 2、变量 3、变量 4 等之间的关系)，并在研究报告中运用具体的 r 值，理解变量间的正负相关关系及相关关系的密切程度。下面具体讲解如何计算相关系数 r，公式如下：

$$r_{xy}=\frac{n\sum XY-(\sum X)(\sum Y)}{\sqrt{[n\sum X^2-(\sum X)^2][n\sum Y^2-(\sum Y)^2]}} \tag{4-1}$$

在式(4-1)中，r_{xy} 代表 X 和 Y 两个变量之间的相关系数，n 是样本量，X 代表变量 X 的每个数值，Y 代表变量 Y 的每个数值，XY 代表变量 X、Y 的每个数值的积，X^2、Y^2 分别代表变量 X、Y 的每个数值的平方。

下面用一组数据来解释如何计算变量 X 和 Y 之间的相关系数。表 7 内有六列数字。第一列是数据的代号 1～10。第二列是变量 X 的各个数值。第三列是变量 Y 的各个数值。第四列是变量 X 每一个数值的平方。第五列是变量 Y 每一个数值的平方。第六列是变量 X 与相应的变量 Y 的积。

表 7　变量 X 和变量 Y 的相关系数的计算方法

一	二	三	四	五	六
代号	X	Y	X^2	Y^2	XY
1	5	6	25	36	30
2	8	6	64	36	48
3	5	6	25	36	30

（续表）

代号	X	Y	X^2	Y^2	XY
4	6	5	36	25	30
5	5	4	25	16	20
6	7	6	49	36	42
7	6	3	36	9	18
8	5	4	25	16	20
9	10	8	100	64	80
10	4	2	16	4	8
$n=10$	$\sum X=61$	$\sum Y=50$	$\sum X^2=401$	$\sum Y^2=278$	$\sum XY=326$

下面开始计算相关系数 r。

第一步：计算出第一列到第六列每一列的总和。分别求得：

- 变量 X 每个数值的总和，$\sum X=61$；
- 变量 Y 每个数值的总和，$\sum Y=50$；
- 变量 X 每个数值的平方和，$\sum X^2=401$；
- 变量 Y 每个数值的平方和，$\sum Y^2=278$；
- 变量 X 与 Y 乘积的总和，$\sum XY=326$。

第二步：把以上数值代入式(4-1)。计算出 X 和 Y 两个变量之间的相关系数 r 的值：

$$r_{xy}=(10\times 326-61\times 50)/\sqrt{(10\times 401-61^2)(10\times 278-50^2)}$$
$$\approx 210/284.5$$
$$\approx 0.738。$$

我们得到的 0.738 就是表 7 中变量 X 和 Y 之间的相关系数。这个相关系数 r 值是正数，说明变量 X 和 Y 之间存在正相关关系，而且是比较强的正相关关系。一般来讲，r 值在 0.6 以上说明变量之间有较强正相关关系。下面具体解释相关系数 r 所代表的关联程度。

4.1.2 相关系数代表的关联程度

相关系数 r_{xy} 测量的是变量 X 与变量 Y 之间相互关联的程度，通常情况下，依据相关系数的大小对变量之间的关联程度作如下划分。

一般来说，当 $|r| \leqslant 0.2$ 时，两个变量之间的关系为极弱相关关系或无相关关系；当 $0.2 < |r| \leqslant 0.4$ 时，两个变量之间的关系为弱相关关系；当 $0.4 < |r| \leqslant 0.6$ 时，两个变量之间的关系为中等相关关系；当 $0.6 < |r| \leqslant 0.8$ 时，两个变量之间的关系为强相关关系；当 $|r| > 0.8$ 时，两个变量之间的关系为极强相关关系。

4.1.3 使用计算机软件计算相关系数

前文提到，学生的高中学习成绩(HS_GPA)与他们大一学年的学习成绩(Yr1_GPA)存在某种联系。这种联系的强弱程度是怎样的？现在我们学习了 Pearson's r 计算方法，可以利用 SPSS 软件计算出这 30 名学生的高中学习成绩与大一学年的学习成绩之间的相关系数(表 8)。

表 8　使用 SPSS 软件来计算 Pearson's r(原始数据)

学生序号	HS_GPA	Yr1_GPA	学生序号	HS_GPA	Yr1_GPA	学生序号	HS_GPA	Yr1_GPA
1	3.79	3.44	11	3.24	2.87	21	3.79	3.48
2	3.64	3.38	12	3.14	3.92	22	3.52	2.8
3	3.64	2.24	13	2.69	2.72	23	3	2.78
4	3.5	3.15	14	3.49	2.86	24	3.98	3.16
5	3.85	3.17	15	3.69	2.51	25	4	4
6	3	3.38	16	2.85	2.4	26	3.6	3.03
7	2.47	2.12	17	3.01	2.55	27	3.56	2.74
8	3.73	3.49	18	3.98	3.52	28	3.84	3.47
9	4	3.15	19	3.9	3.41	29	4	3.41
10	2.5	2.22	20	3.4	2.03	30	3.82	3.63

第一步：打开 SPSS 统计学分析软件，输入表 8 中的 30 对数据。

第二步：点击“Analyze”，选择“Correlation”，然后选择“Bivariate”，如图 6 所示。

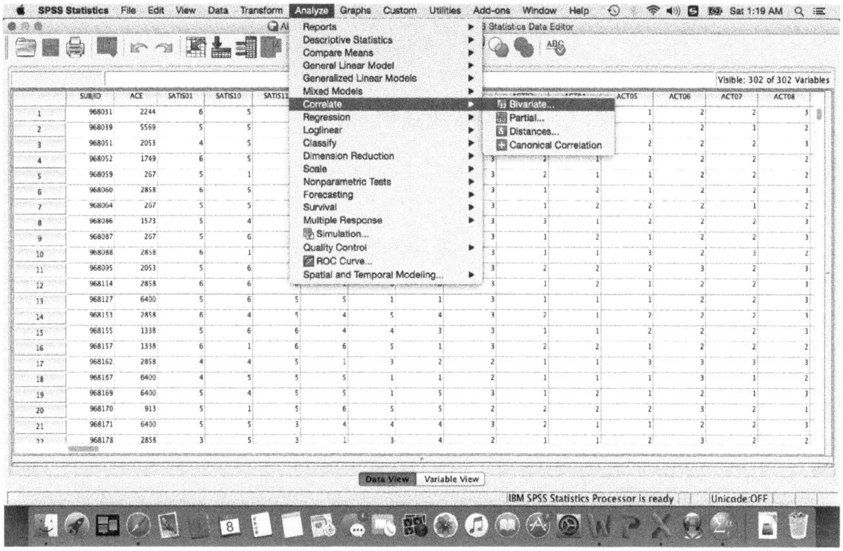

图 6　使用 SPSS 软件计算相关系数示意图(1)

选择“Bivariate”后就可以看到“Bivariate Correlation”窗口，如图 7 所示。

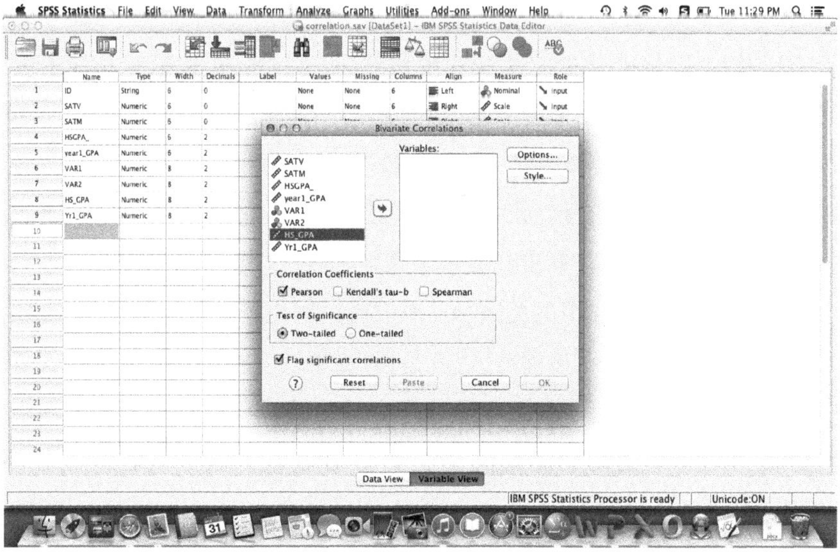

图 7　使用 SPSS 软件计算相关系数示意图(2)

第三步：把 HS_GPA 和 Yr1_GPA 两个变量拉到右边的"Variables"小窗里。

第四步：点击"OK"键，便可得到高中成绩（HS_GPA）和大学一年级成绩（Yr1_GPA）两个变量之间的相关系数（表 9）。

表 9　SPSS 软件相关系数计算结果

		HS_GPA	Yr1_GPA
HS_GPA	皮尔逊相关系数	1	0.594**
	Sig.（2－tailed）	—	0.001
	N	30	30
Yr1_GPA	皮尔逊相关系数	0.594**	1
	Sig.（2－tailed）	0.001	—
	N	30	30
**. 在 0.01 的置信水平上显著（双尾检验）			

表 9 演示了如何使用 SPSS 软件计算两个变量之间的相关系数。我们可以用同样的方法计算出三个变量、四个变量、五个变量（3×3，4×4，5×5）等的相关系数矩阵。皮尔逊相关系数矩阵内的数据沿着对角线对称分布。对角线上都是 1，因为它代表变量和自身的关系。可以取对角线上面的数据，也可以取对角线下面的数据，没有区别。表 9 展示了一个 2×2 矩阵，它的右上角和左下角是重复的，内容一样，可任选一个。我们选用右上角的数据。右上角有三行数字"0.594""0.001"和"30"，它们分别代表不同的统计计算结果。"0.594"就是皮尔逊相关系数，即皮尔逊 r 值，它表示高中学习成绩与大一学年学习成绩的关系，$r=0.594$ 说明二者中度相关。"0.001"是 p 值，表示相关关系的明显程度，也就是说，高中学习成绩与大学学习成绩成正相关关系的偶然性为千分之一。在社会学领域，p 值小于 0.05 即可认为变量间相关关系显著。如果 p 值大于 0.05，则可认为两个变量之间的相关关系不显著。"30"指的是样本规模，这个例子涉及 30 名学生的学习成绩，所以样本规模为 30。

在院校研究中，新生录取工作是一个重要的研究课题。而在新生录取过程中，对学生高中学习成绩和大学入学考试成绩的研究又非常重要，因为它们直接影响新生入学后的学习状况甚至关系到学生能否按时毕业。在很多高等教育研究文献中，高中学习成绩和大学入学考试成绩是研究教育成果的重要自变量。这也是大学入学考试成绩和高中学习成绩在美国大学录取决策中起着重要作用的原因之一。

相关系数分析在院校研究中经常使用，特别是在进行任何回归模型分析之前都要先进行相关系数测验，掌握变量与变量之间的关系是进行任何复杂分析的第一步，也是非常重要的一步。应避免在还没有了解变量之间的关系时就匆忙进行复杂的回归分析甚至开始制模。在复杂的回归分析中，如果掌握不好每一对变量之间的关系，就有可能得出错误的分析结果。为了更加熟练地掌握描述统计和相关系数分析，本书将在院校研究数据分析案例篇进一步列举院校研究中的实际案例，进一步讲解如何在实际工作中使用描述性统计方法和相关系数分析方法。

5. 比较两个平均值

本文第 3 节讨论了如何检查变量的分布情况，如通过平均数、中位数、众数和标准差来了解变量的集中和分散情况。这是院校研究中常用的总结数据的方法。表 10 列出了某大学新生 SAT 数学的平均分和标准差。该研究抽样人数 467 人，其中 213 名男生，254 名女生。男生的平均分数是 647，标准差为 101.2；女生的平均分数是 613，标准差为 103.6。从抽样结果看，男生的平均分高于女生。如果我们想知道女生的 SAT 数学分数是不是低于男生的 SAT 数学分数，只用眼睛判断 613 小于 647 是不够的。本文第 3 节指出，即使平均数相同，数据的分布也可能截然不同，因此在比较两个平均数时，要把数据的集中和分散趋势及样本的大小等因素都考虑进去，做一个平均值的比较检验。这个检验可以通过检验 467 名大学新生的 SAT 数学分数差别是否偶然来帮助我们了解男女学生的 SAT 数学分数是否真的有显著不同。检验两个数据是否真的不同，需要使用 t 检验（t-test）。下面简单介绍什么是 t 检验和如何计算 t 值。

表 10　新生 SAT 数学分数

性别	样本量	平均分	标准差
男	213	647	101.2
女	254	613	103.6

5.1　什么是 *t* 检验和 *t* 检验的种类

t 检验(*t*-test)旨在测量两组数据之差是否存在偶然性。如果两组数据之差不是偶然的，那么这两组数据应该符合以下条件：样本足够大，两个平均数之间的差别较大，每组数据的数值比较集中，接近各自的平均数而不是广泛地散开(标准差小)。

计算 *t* 值之前，首先要明确要比较的两个平均数的特点。两个平均数可能来自两个独立的样本，也可能来自同组被试在不同条件下产生的样本，还可能是一个样本的平均数和另外一个标准值。下面逐一介绍这三种不同的 *t* 检验的概念。

5.1.1　独立 *t* 检验(Independent *t*-test)

独立 *t* 检验是指对比两组相互独立的数据。两组相互独立的数据指一组的成员不会同时存在于另一组中。例如，男生和女生、教学人员和非教学人员等的数据。独立 *t* 检验是 *t* 检验中最常用的一种，也是我们要重点讨论的课题。

5.1.2　配对 *t* 检验(Paired *t*-test)

配对 *t* 检验是一种自己和自己比较的方法，即在不同时间段检验同一组人或物的数据，是一种常见的 *t* 检验。例如，非英语母语学生的英语补习班要调查其课程教学是否真正提高了学生的英语水平，就需要使用配对 *t* 检验。让学生在入学前做一个测试，在学生完成补习之后，再让他们做一次测试。最后使用配对 *t* 检验比较两个测试结果是否有显著区别。

5.1.3　单独样本 *t* 检验(One sample *t*-test)

单独样本 *t* 检验是指用一个样本的平均数和另外一个标准值相比较，看二者是否有明显区别。例如,美国某大学大一学生对校园安全的满意程度是 3.8 分(满分为 4 分),比较该抽样调查结果是否明显区别于周围其他大学(周围其他大学的平均满意程度为 3.6 分)。

5.2 计算 t 值

t 值是两个样本均值之差与标准误差的比值。独立 t 值(Independent t-test)的计算公式是:

$$t=\frac{\overline{X}_1-\overline{X}_2}{\sqrt{\frac{(n_1-1)s_1^2+(n_2-1)s_2^2}{n_1+n_2-2}\left[\frac{n_1+n_2}{n_1n_2}\right]}} \tag{5-1}$$

式中,$\overline{X}_1$ 代表第一组的平均值;

$\overline{X}_2$ 代表第二组的平均值;

n_1 代表第一组抽样人数;

n_2 代表第二组抽样人数;

s_1^2 代表第一组数据的方差;

s_2^2 代表第二组数据的方差。

这里没有新概念,把平均值和方差代入式(5-1)即可。下面列出两组学生的 SAT 数学分数,一组是男生的分数,另一组是女生的分数。

男生:800,740,750,800,780,680,720,720,780,600,740,620,720,670,800,450,520,540,690,660;

女生:800,640,800,800,640,540,520,610,550,600,560,620,495,490,530,590,690,650,710,550。

我们用六个步骤来完成 t 值的计算。

第一步:设定一个研究假设(research hypotheses)和一个零假设(null hypotheses)。上文提到,我们在抽样调查中发现,男生的 SAT 数学分数比女生高一些,我们想证明这不是一个偶然现象而是一个普遍现实。研究假设为 H_1:$\overline{X}_1\neq\overline{X}_2$,即男生和女生的 SAT 数学分数不同。零假设为 H_0:$\mu_1=\mu_2$,即男生和女生的 SAT 数学分数相同。

第二步：设定风险系数(level of risk)为 0.05。自然科学的风险系数一般不大于 0.01，社会科学的风险系数最高不可超过 0.05，即在此研究中反复测试零假设，如果测试 100 次，95 次应该推翻零假设。

第三步：选择正确的 t 检验方法。上文介绍了三种 t 检验方法：独立 t 检验、配对 t 检验和单独样本 t 检验。根据零假设，应该选用独立 t 检验。

第四步：使用以下四个步骤计算 t 值。

(1) 使用公式 2-1，可计算出：

$$\overline{X}_1 = 689,\ \overline{X}_2 \approx 619;$$

(2) 使用公式 2-3，可计算出：

$$S_1 = 99,\ S_2 = 98;$$

(3) 根据抽样数据可得知：$n_1 = 20,\ n_2 = 20$；

(4) 将以上数值代入式(5-1)，得到 t 值。

$$t = \frac{689 - 619}{\sqrt{\frac{(20-1)99^2 + (20-1)98^2}{(20+20-2)} \times \frac{(20+20)}{(20 \times 20)}}} \approx 2.23$$

第五步：决定我们所得到的 t 值多大时才能推翻零假设。

首先，在 t 值表中找到相对应的 t 值。t 值表可从此网站下载：http://www.sjsu.edu/faculty/gerstman/StatPrimer/t-table.pdf。虽然 t 值表的格式略有不同，但使用方法基本一致，都需要具备以下三个系数才能够找到相应的 t 值。

(1) 风险系数(level of risk)。在本节开始，我们已设定风险系数不能大于 0.05。

(2) 自由度(degree of freedom, df)。自由度的计算公式是：$df = n_1 + n_2 - 2$，在这个例子中，自由度是 38($df = 20 + 20 - 2 = 38$)。

(3) 假设方向。如果研究假设是两个走向的，用双尾检验(two tailed test)；如果研究假设是一个走向的，用单尾检验(one tailed test)。这里我们假设男生的 SAT 数学分数与女生的不同，是双向的(男生的 SAT 数学分数可能高于也可能低于女生)时,应采用双尾检验;当我们研究假设男生的SAT 数学分数高于女生($H_1: \overline{X}_1 > \overline{X}_2$),是单向的时,只需要检验男生的SAT 数学分数是否明显高于女生,即采用单尾检验。

如果在 t 值表中找不到合适的自由度,就保守一点向下降一级。在本研究中,自由度是 38,采用双尾检验,风险系数是 0.05。在 t 表值中,我们找到对应的 t 值是 2.042(表 11)。

第六步:比较样本 t 值(2.23)和从 t 值表中提取的 t 值(2.042)。如果样本 t 值小于从 t 值表中提取的 t 值,就承认零假设是对的。如果样本 t 值大于从 t 值表中提取的 t 值,就可以否认零假设或推翻零假设。由于我们的样本 t 值(2.23)大于从 t 值表中提取的 t 值(2.042),所以我们否认零假设。也就是说,否认男生和女生的 SAT 数学分数相等的零假设,从而肯定我们的研究假设是正确的,即男生和女生的 SAT 数学分数明显不同。

表 11　t 值表

cum. prob	$t_{.50}$	$t_{.75}$	$t_{.80}$	$t_{.85}$	$t_{.90}$	$t_{.95}$	$t_{.975}$	$t_{.99}$	$t_{.995}$	$t_{.999}$	$t_{.9995}$
单尾检验	0.50	0.25	0.20	0.15	0.10	0.05	0.025	0.01	0.005	0.001	0.000 5
双尾检验	1.00	0.50	0.40	0.30	0.20	0.10	0.05	0.02	0.01	0.002	0.001
df	—	—	—	—	—	—	—	—	—	—	—
1	0.000	1.000	1.376	1.963	3.078	6.314	12.71	31.82	63.66	318.31	636.62
2	0.000	0.816	1.061	1.386	1.886	2.920	4.303	6.965	9.925	22.327	31.599
3	0.000	0.765	0.978	1.250	1.638	2.353	3.182	4.541	5.841	10.215	12.924
4	0.000	0.741	0.941	1.190	1.533	2.132	2.776	3.747	4.604	7.173	8.610
5	0.000	0.727	0.920	1.156	1.476	2.015	2.571	3.365	4.032	5.893	6.869
6	0.000	0.718	0.906	1.134	1.440	1.943	2.447	3.143	3.707	5.208	5.959
7	0.000	0.711	0.896	1.119	1.415	1.895	2.365	2.998	3.499	4.785	5.408
8	0.000	0.706	0.889	1.108	1.397	1.860	2.306	2.896	3.355	4.501	5.041
9	0.000	0.703	0.883	1.100	1.383	1.833	2.262	2.821	3.250	4.297	4.781
10	0.000	0.700	0.879	1.093	1.372	1.812	2.228	2.764	3.169	4.144	4.587
11	0.000	0.697	0.876	1.088	1.363	1.796	2.201	2.718	3.106	4.025	4.437

（续表）

cum. prob	$t_{.50}$	$t_{.75}$	$t_{.80}$	$t_{.85}$	$t_{.90}$	$t_{.95}$	$t_{.975}$	$t_{.99}$	$t_{.995}$	$t_{.999}$	$t_{.9995}$
12	0.000	0.695	0.873	1.083	1.356	1.782	2.179	2.681	3.055	3.930	4.318
13	0.000	0.694	0.870	1.079	1.350	1.771	2.160	2.650	3.012	3.852	4.221
14	0.000	0.692	0.868	1.076	1.345	1.761	2.145	2.624	2.977	3.787	4.140
15	0.000	0.691	0.866	1.074	1.341	1.753	2.131	2.602	2.947	3.733	4.073
16	0.000	0.690	0.865	1.071	1.337	1.746	2.120	2.583	2.921	3.686	4.015
17	0.000	0.689	0.863	1.069	1.333	1.740	2.110	2.567	2.898	3.646	3.965
18	0.000	0.688	0.862	1.067	1.330	1.734	2.101	2.552	2.878	3.610	3.922
19	0.000	0.688	0.861	1.066	1.328	1.729	2.093	2.539	2.861	3.579	3.883
20	0.000	0.687	0.860	1.064	1.325	1.725	2.086	2.528	2.845	3.552	3.850
21	0.000	0.686	0.859	1.063	1.323	1.721	2.080	2.518	2.831	3.527	3.819
22	0.000	0.686	0.858	1.061	1.321	1.717	2.074	2.508	2.819	3.505	3.792
23	0.000	0.685	0.858	1.060	1.319	1.714	2.069	2.500	2.807	3.485	3.768
24	0.000	0.685	0.857	1.059	1.318	1.711	2.064	2.492	2.797	3.467	3.745
25	0.000	0.684	0.856	1.058	1.316	1.708	2.060	2.485	2.787	3.450	3.725
26	0.000	0.684	0.856	1.058	1.315	1.706	2.056	2.479	2.779	3.435	3.707
27	0.000	0.684	0.855	1.057	1.314	1.703	2.052	2.473	2.771	3.421	3.690
28	0.000	0.683	0.855	1.056	1.313	1.701	2.048	2.467	2.763	3.408	3.674
29	0.000	0.683	0.854	1.055	1.311	1.699	2.045	2.462	2.756	3.396	3.659
30	0.000	0.683	0.854	1.055	1.310	1.697	2.042	2.457	2.750	3.385	3.646
40	0.000	0.681	0.851	1.050	1.303	1.684	2.021	2.423	2.704	3.307	3.551
60	0.000	0.679	0.848	1.045	1.296	1.671	2.000	2.390	2.660	3.232	3.460
80	0.000	0.678	0.846	1.043	1.292	1.664	1.990	2.374	2.639	3.195	3.416
100	0.000	0.677	0.845	1.042	1.290	1.660	1.984	2.364	2.626	3.174	3.390
1 000	0.000	0.675	0.842	1.037	1.282	1.646	1.962	2.330	2.581	3.098	3.300
z	0.000	0.674	0.842	1.036	1.282	1.645	1.960	2.326	2.576	3.090	3.291
	0%	50%	60%	70%	80%	90%	95%	98%	99%	99.8%	99.9%
	置信水平										

5.3 计算实验效应值

标准效应值(standardized effect size)能够表现出一组数值与另外一组数值的对比情况。如果实验效应值是 0,表明两组数值很接近,二者之间没有区别;如果实验效应值是 1,则表明两组数值只有 45%相覆盖。因此,实验效应值越大,两组数值越不同。实验效应值可以从另一个方面说明两组数据是否明显不同。如果想了解更多关于实验效应值的内容,请阅读雅各布·科恩(Jacob Cohen)于 1967 年出版的《行为科学统计大全》(*Statistical Power Analysis for Behavioral Science*)。

计算实验效应值的方法有很多。这里介绍一个最简单明了的公式:用两组平均数的差除以它们当中任何一组数的标准差。

$$EF = \frac{\overline{X}_1 - \overline{X}_2}{SD} \tag{5-2}$$

式中,EF 代表实验效应值;

$\overline{X}_1$ 代表第一组平均值;

$\overline{X}_2$ 代表第二组平均值;

SD 代表标准差。

将男生 SAT 数学平均分数、女生 SAT 数学平均分数和男生 SAT 数学分数的标准差代入式(5-2),便可以得到实验效应值:$EF = \frac{689-619}{99} \approx 0.71$,它代表第一组均值的标准差比第二组均值的标准差高出约 0.71 个单位。上文提及,实验效应值越小,两组数值相同的部分越多;实验效应值越大,两组数值相同的部分越少。在院校研究中,判断两组数值的区别是否有实际意义,经常参考两个统计数值,一个是 t 值,另一个是实验效应值(effect size)。一般来说,实验效应值小于 0.2 表明两组数据的区别不重要,实验效应值大于等于 0.2 小于等于 0.5 表明两组数据的差别处于中等重要程度,实验效应值大于 0.5 表明两组数据的区别非常重要。在男生和女生 SAT 数学分数的例子中:①t 值较大,证明男生和女生的 SAT 数学分数有明显区别;

②实验效应值大于 0.5，表明我们发现的明显区别确实有实际意义。

5.4 使用计算机软件计算 t 值

下面介绍怎样使用 SPSS 软件计算 t 值，共需要五步。

第一步：将表 12 中学生 SAT 数学分数抽样数据输入 SPSS 软件。

表 12 学生 SAT 数学分数抽样

SAT 数学分数 (SATM)	性别 (Gender)	SAT 数学分数 (SATM)	性别 (Gender)	SAT 数学分数 (SATM)	性别 (Gender)	SAT 数学分数 (SATM)	性别 (Gender)
800	1	740	1	450	1	560	2
740	1	620	1	520	1	620	2
750	1	720	1	540	1	495	2
800	1	670	1	690	1	490	2
780	1	800	1	660	1	530	2
680	1	800	2	540	2	590	2
720	1	640	2	520	2	690	2
720	1	800	2	610	2	650	2
780	1	800	2	550	2	710	2
600	1	640	2	600	2	550	2

注："1"代表男生，"2"代表女生。

第二步：点击"Analyze"，选择"Compare Means"，再选择"Independent-sample — T test . . . "(图 8)。

第三步：把变量"SATM"移到"Test Variable"框内，再把变量"Gender"移到"Grouping Variable"小框内(图 9)。

第四步：点击"Define Groups"(点击设置对比组小方框)，再选择"Use specified value"，在"Group 1"后面的框内填入"1"("1"代表男生，即第一组代表男生)，在"Group 2"后面的框内填入"2"("2"代表女生，即第二组代表女生)，如图 10 所示。

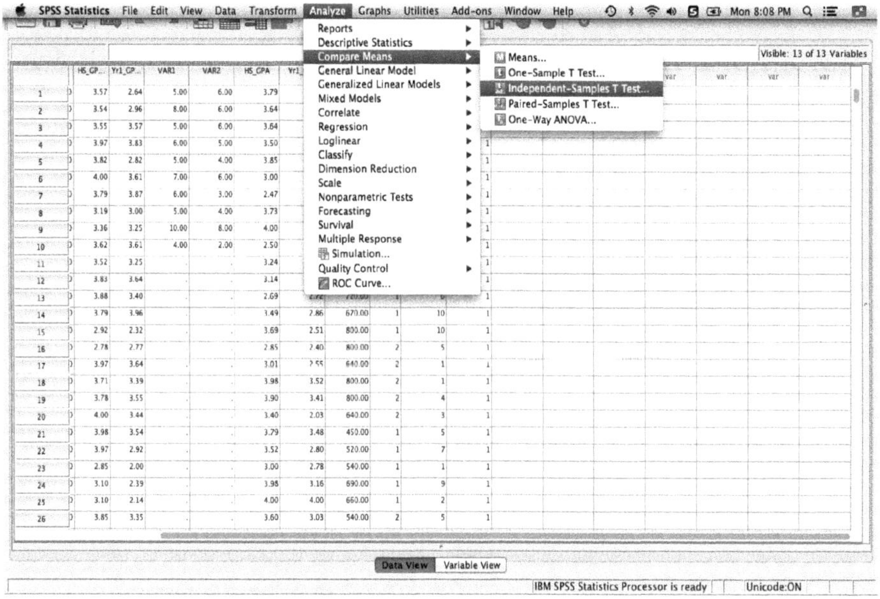

图 8　使用 SPSS 软件计算 t 值示意图(1)

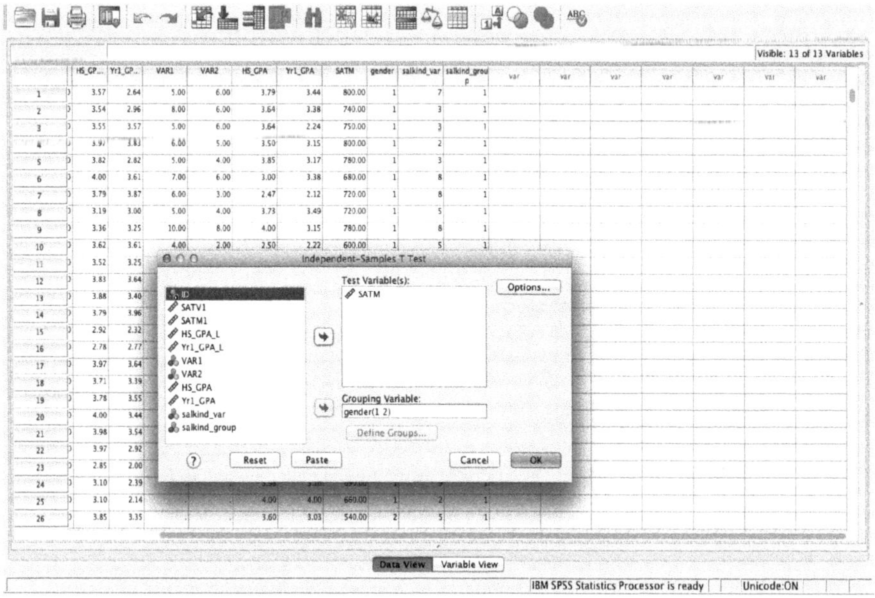

图 9　使用 SPSS 软件计算 t 值示意图(2)

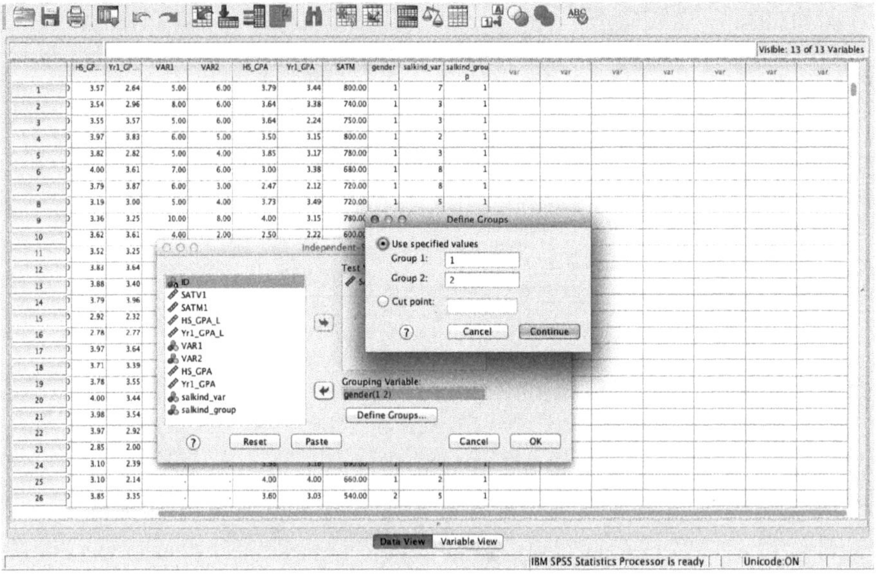

图 10　使用 SPSS 软件计算 t 值示意图(3)

第五步：点击"Continue"(在图 10"Define Groups"小窗里)，再点击"OK"(在图 9 选择变量小窗里)，之后便可以得到 t 值，如图 11 所示。

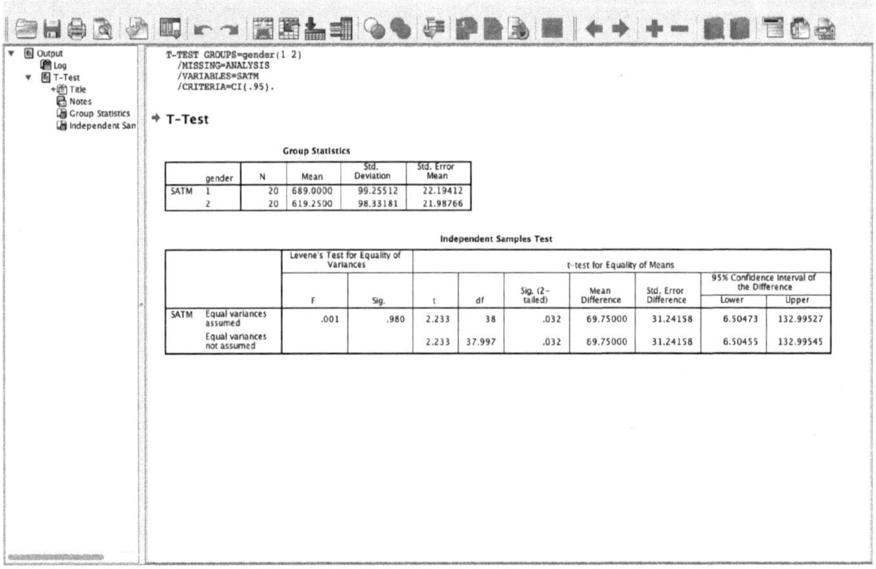

Group Statistics

	gender	N	Mean	Std. Deviation	Std. Error Mean
SATM	1	20	689.0000	99.25512	22.19412
	2	20	619.2500	98.33181	21.98766

Independent Samples Test

		Levene's Test for Equality of Variances		t-test for Equality of Means					95% Confidence Interval of the Difference	
		F	Sig.	t	df	Sig. (2-tailed)	Mean Difference	Std. Error Difference	Lower	Upper
SATM	Equal variances assumed	.001	.980	2.233	38	.032	69.75000	31.24158	6.50473	132.99527
	Equal variances not assumed			2.233	37.997	.032	69.75000	31.24158	6.50455	132.99545

图 11　使用 SPSS 软件计算 t 值示意图(4)

下面简单讲解如何解读 t 值验算结果。首先检查 F 值，如果 F 值小于 0.05，就使用“Equal variances ...”，也就是图 11 中第二个表格里的数值。我们检验得到的 F 值是 0.001，所以使用该表内 t 值检验结果。接下来查看 t 值，在这个例子中，t 值等于 2.233。“Sig 2-tailed”意为双尾发现系数。在此案例中，t 检验的风险系数是 0.032，小于 0.05，所以可以推翻零假设。如果是单尾检验，p 值为双尾检验的 p 值的一半。这里说明一下，t 值验算仅限两组数据对比，如果需要比较两组以上数据，那就需要采用方差分析方法（ANOVA）。下一篇文章《方差分析及其在院校研究中的应用》详细介绍了如何对比两组以上的数值。

参考文献

[1] SALKIND N J. Statistics for people who hate statistics[M]. 5th ed. Thousands Oaks: Sage, 2014.

[2] SCHUTT R K. Investigating the social world[M]. 8th ed. Thousands Oaks: Sage, 2015.

[3] BLALOCK H. Social statistics[M]. 2nd ed. New York/London: McGraw-Hill Book Company, 1979.

[4] COHEN J. Statistical power analysis for behavioral science[M]. Mahwah: Lawrence Erlbaum Associated Publishers, 1988.

方差分析及其在院校研究中的应用

Timothy Chow

方晓雯　译

内容提要　本文主要介绍方差分析及其在院校研究中的应用。首先，通过具体例子介绍单因素方差分析(One-way ANOVA)在独立样本中的应用，根据此例说明方差分析的定义、假设条件及相关术语。接着简单介绍多因素方差分析，如双因素方差分析(Two-way ANOVA)，以及重复测量样本的方差分析。

关键词　单因素方差分析　多因素方差分析　重复测量样本的方差分析

1. 引言

在很多情况下，由于资源有限，我们并不能得到所有个体的信息。基于对有限样本的观测值的分析，统计推断为我们提供了一种认知总体特征的理论方法。通过假设检验，我们能够区分不同样本组之间的均值差异是否显著。如果均值差异不显著，即可推断组间差异主要源于随机误差；如果均值差异非常显著，即可推断组间差异主要是特定因素造成的系统误差。此处特定因素可以是处理条件、治疗方法等。前文已简单介绍了假设检验的基础理论，如 t 检验。t 检验可以用于判断两组之间均值的差异是否属于随机误差，还是某些系统性因素所导致。

什么方法可用来比较三组或者更多组之间均值的差异呢？我们可以对多组均值做多次两两均值的 t 检验吗？虽然在理论上可行，但这不是最佳方法，因为每一次的 t 检验都会存在型一错误。[①] 多次 t 检验会导致积累的型一错误偏大，很容易超过显著值可容忍的误差（0.05 或者 0.01），使得判断结果不准确。因此，要对多组均值做比较，方差分析（ANOVA）是更恰当的统计方法。

2. 方差分析的定义

方差分析是指通过对样本的方差进行分析从而检验样本组均值间是否存在显著差异。单因素方差分析是指在单个因素（自变量）的不同组或处理参数水平（Treatment Levels）间，对因变量均值进行比较。此处，因变量为连续变量，自变量为非连续变量。自变量又被称为因素，其所含有的不同值被称为不同的组或者不同的处理参数水平，其可以包含两个或者多个组（或处理参数水平）。在进行方差分析前，研究人员通常设定零假设（H_0：Null Hypothesis），即认为不同组的均值都是相等的。而研究假设认为不同组的均值不全相等，至少有一个组的均值不同于其他组的均值。在院校研究中，显著值的可容忍误差通常为 0.05。在方差分析中，F 检验被用于比较组间方差是否显著不同于组内样本方差。如果组间方差远大于组内方差，即说明组间差异显著。如果组间方差与组内方差非常接近，通常即说明不同组的均值差异不显著。F 检验只能区分所有组之间的均值是否相等，反过来说，F 检验只能判断是否至少有一个组的均值与其他组的均值不相等。它并不能判断各组之间均值大小。

---

① 如果零假设是成立的，但是统计分析的结果不支持零假设成立，这种错误被称为型一错误。

3. 方差分析的适用条件和局限性

单因素方差分析(One-way ANOVA)需要服从三个基本条件假设:

(1) 每个组或者每种处理水平下的因变量都服从正态分布;

(2) 因变量具有等同方差;

(3) 每个组的样本之间相互独立。

在方差分析中,总方差被拆解为组间方差与组内方差的和,因此第二条假设是这一拆解过程的必要条件。对于样本间非独立的重复测量实验设计,球形方差假设具有与第二条假设中的等同方差假设类似的功能。球形方差是指相关联的观测值之间的差值具有方差等同性。另外,样本之间相互独立的条件假设也可以推导出样本间误差具有随机无关联性。样本间非独立的重复测量实验设计并不满足第三条假设,通过实例,我们会给出处理重复测量实验设计情况的方法。当我们设计和应用方差分析方法时,应当留意这些假设条件能否达到要求。如果误差与时间相关联,那么我们就应该采用其他分析方法。

单因素方差分析的因变量应该是连续性变量(等距或等比变量);自变量为非连续变量并且通常含有两个或者更多不同的组或者水平。在进行单因素方差分析前,应该辨别和清理因变量中的异常值。当每组样本数目满足最低数量要求时,也应尽量减小每组的样本数目差别。样本数目太少或者组间样本数目差别太大都会对判断单因素方差分析中的条件假设造成困难。

3.1 单因素方差分析的数学模型(理论、结构和分析步骤)

在每组中,因变量观察值可以用一个线性统计公式表示:

$$y_{ij}=\mu+\tau_i+\varepsilon_{ij}\quad i=1,\ 2,\ \cdots,\ m;\ j=1,\ 2,\ \cdots,\ n \tag{3-1}$$

式中,i 是组的编号,j 是组内样本编号,m 是总的组数(或者称为方法数或者水平数),n 是各组的样本数。在这一模型中,y_{ij} 为第 i 组的第 j 个观测值；μ 为总体平均值；τ_i 为第 i 组附加效应；ε_{ij} 为第 i 组的第 j 个样本相较于第 i 组平均值的随机误差。

此外，根据自变量的特征，我们可将单因素方差分析分为固定效应模型和随机效应模型。固定效应模型是指，当自变量含有特定的治疗方法或者处理水平时，方差分析所得结论仅适用于这些特定的处理水平。随机效应模型是指，当自变量可以取无穷多可能的处理水平时，对自变量进行随机分组，并对随机分组所形成的组进行方差分析，得到的方差分析结果可以推广至其他的治疗方法或者处理水平。

3.2 假设检验

在固定效应模型中，处理水平(i)是指定的，进行方差分析是为了检测组间均值是否相等。

假设检验如下所示：

H_0：$\mu_1 = \mu_2 = \cdots = \mu_m$ （组间无均值差别），

H_1：至少有一个 μ_i 是不同的，其中 $i = 1, 2, \cdots, m$ （至少两个组的均值是不同的）；

或，

H_0：$\tau_1 = \tau_2 = \cdots = \tau_m = 0$ （所有处理组的效果为零），

H_1：$\tau_i \neq 0$ （至少一个处理组的效果不为零）。

随机效应模型的 m 组处理水平是从无穷多的处理水平中随机抽样得来的。随机效应模型用于检验组间变化是否存在。

假设检验如下所示：

H_0：$\sigma_\tau^2 = 0$， H_1：$\sigma_\tau^2 > 0$

通常，假设检验中的显著水平（α 值）的临界值为 0.05。

3.3 术语

(1) 单因素方差分析：一种检验两组或更多组的均值是否相等的分析

方法。

（2）总均值：所有观测值的和除以总体样本数。可以表示为：

$$\overline{y}_{..}=\frac{\sum_{ij} y_{ij}}{N}, N \text{ 为总样本数} \tag{3-2}$$

如果每组有 n_i 样本数，总均值也可以是加权平均数：

$$\overline{y}_{..}=\frac{\sum_{i} n_i \overline{y}_{i.}}{\sum_{i} n_i} \tag{3-3}$$

（3）总方差：可以表示为观测值 y_{ij} 与总均值之间的差值平方后的总和。可以表示为：

$$SS_T=\sum_{i=1}^{m}\sum_{j=1}^{n}(y_{ij}-\overline{y}_{..})^2 \tag{3-4}$$

总方差可分为组间方差和组内方差两部分：

$$SS_T=SS_B+SS_W \tag{3-5}$$

（4）组间方差：反映不同水平之间均值的差异。可表示为：

$$SS_B=n\sum_{i=1}^{m}(\overline{y}_{i.}-\overline{y}_{..})^2 \tag{3-6}$$

（5）组内方差：反映同一水平下随机方差的大小。可表示为：

$$SS_W=\sum_{i=1}^{m}\sum_{j=1}^{n}(y_{ij}-\overline{y}_{i.})^2 \tag{3-7}$$

（6）自由度：上述每种方差都具有与之相应的自由度（DF），如表 1 所示。

表 1　自由度（*DF*）

方差来源	自由度（DF）
SS_T	$N-1$
SS_B	$m-1$
SS_W	$N-m$

(7) 均方：通过方差来源除以与之相对应的自由度获得。可表示为：

$$MS_B = \frac{SS_B}{m-1}, \text{组间均方} \tag{3-8}$$

$$MS_W = \frac{SS_W}{N-m}, \text{组内均方} \tag{3-9}$$

(8) F 统计：由于 MS_B/MS_W 的比值服从 F 分布，F 检验常被用来检验组间均值差异是否显著。可表示为：

$$F_0 = \frac{MS_B}{MS_W} \sim F_{1-\alpha,\, m-1,\, N-m} \tag{3-10}$$

(9) 方差分析表分析组间方差、组内方差和总方差方差，如表 2 所示。

表 2　方差分析表

方差来源	SS	DF	MS	F
组间方差	SS_B	$m-1$	$\frac{SS_B}{m-1}$	$\frac{MS_B}{MS_W}$
组内方差	SS_W	$N-m$	$\frac{SS_W}{N-m}$	—
总方差方差	SS_B+SS_W	$N-1$	—	—

(10) 判定规则：如果 F 值大于 $F_{1-\alpha,\, m-1,\, N-m}$，则在显著水平 α 下拒绝零假设，换言之，至少有一个组的均值不同于其他组。

4. 方差分析在院校研究中的应用

如上文所述，方差分析通常用于比较三组或更多组的均值是否有统计上的显著差别。尽管理论上可以使用 t 检验做多次两两均值比较，但是多次比较所累积的型一错误会使判断结果不准确。

在院校研究中，我们经常通过分析数据来判断三组或者三组以上的均值是否有显著差异。这些组的划分可能来自实验设计或者来自对现已存在的组的观测。均值是否有显著差异的分析结果，有时可以为我们制定决策提供有用的信息。例如，通过对不同专业或者不同教学方法影响下的学生的学业成绩进行比较，从而鉴别出能提高学生学习效果的好的方法及有效的院校措施。美国大学常对学生的表现和学生的满意度进行分组比较，这些组包括：性别、宿舍、是否家庭中第一代大学生、是否兄弟会或姐妹会的成员等。在这些例子中，用于比较的因变量通常是学生的平均绩点或者某一课程的考试分数。在学生满意度问卷调研中，调研人员通常对不同组别的学生满意度进行均值比较。

当单因素方差分析的测试结果显示组均值有统计学意义上的显著区别时，我们要进行后续测试，例如 Scheffe 测试或者 Tukey 测试，在型一错误的前提下来确定哪个组与其他组的差别最显著。在下一节中，我们将通过两个不同例子来阐述怎样使用单因素方差分析来检测均值是否有显著差别。

4.1 单因素方差分析在院校研究中的应用

4.1.1 例 1：单因素独立样本固定效应的方差分析

在此例中，我们将把重点放在如何应用单因素独立样本固定效应的方差分析来检测当三种不同的授课方式被用于同一门课程时，其是否会影响学生这门课程的期末考试成绩。这三种不同的教学方法分别为：

(1) 课堂上只给学生讲课(Lecture Only)；

(2) 课堂上只让学生讨论(Discussion Only)；

(3) 讲课和讨论相结合(Combined)。

这项研究中，同一名教师在相同的一门大学物理课的教学中随机将学生划分成三个组，随机赋予每组一种不同的授课方式。在课程结束时，所有学生参加期末考试，作答相同的试卷。25 个问题用于评估学生对大学物理课程的理解和掌握程度。

在此例中，单因素(授课方式)是一个类别变量，它包括三个组别。因变量也就是我们的观测值：大学物理课的期末考试成绩，它是一个连续变量；独立样本设计是指随机派定学生进入三种授课方式组；固定效应模型是指这三种具体的授课方式已被确定，分析结论不能用于这三种授课方式以外的其他授课方式。表 3 列出了三组学生的期末考试分数。

表 3　三组不同授课方式下的学生的期末考试成绩

学生编号	授课方式	期末考试分数	学生编号	授课方式	期末考试分数
1	(1)	13	25	(2)	21
2	(1)	17	26	(2)	17
3	(1)	17	27	(2)	15
4	(1)	11	28	(2)	20
5	(1)	12	29	(2)	20
6	(1)	13	30	(2)	12
7	(1)	17	31	(2)	15
8	(1)	12	32	(2)	19
9	(1)	17	33	(3)	17
10	(1)	11	34	(3)	17
11	(1)	9	35	(3)	19
12	(1)	17	36	(3)	16
13	(1)	21	37	(3)	19
14	(1)	14	38	(3)	20
15	(1)	18	39	(3)	18
16	(1)	11	40	(3)	23
17	(2)	15	41	(3)	19
18	(2)	17	42	(3)	17
19	(2)	12	43	(3)	21
20	(2)	16	44	(3)	17
21	(2)	15	45	(3)	18
22	(2)	16	46	(3)	13
23	(2)	14	47	(3)	15
24	(2)	21	48	(3)	17

以下列出了判断学生的期末考试成绩是否会受到三种不同授课方式的影响的步骤。分析过程将用 IBM/SPSS 软件屏幕截图来演示。

第一步：确定单因素方差分析的假设检验及显著水平（α）。

零假设（H_0）通常认为不同组或手段不引起均值显著差异，实验假设

(H_1)通常认为至少有两组之间的均值有显著差异。

$$H_0: \mu_1 = \mu_2 = \mu_3 \text{(组间均值无差别)} \quad (4\text{-}1)$$

H_1：至少有一个组的均值 μ_i 不同于其他组的均值，$i=1, \cdots, 3$(至少有两组的均值不同)

显著水平为：$\alpha=0.05$。

第二步：确定统计检验和与之相应的临界值。

在单因素方差分析中使用 F 统计，其中，$F=\frac{MS_B}{MS_W}$。授课方式的种类 $m=3$，总学生数 $N=48$。因此组间自由度 $df_B=(m-1)=(3-1)=2$，组内自由度 $df_W=(N-n)=(48-3)=45$。查表可知临界值是 $F_{1-.05,2,45}=3.20$。如果 F 统计大于此临界值，就可以认为零假设(H_0)在 0.05 的显著水平上不成立。

第三步：收集并输入数据。

表 3 中的数据可以从 Excel 工作簿中导入 IBM/SPSS 软件中或者直接输入 IBM/SPSS 数据编辑器窗口。两列数据如图 1 所示。

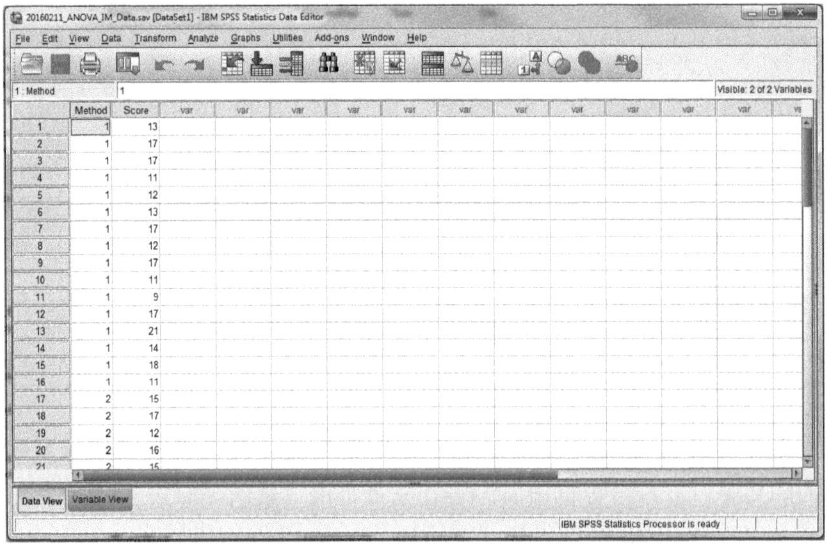

图 1　在 IBM/SPSS 软件中输入数据屏幕截图

请注意不同版本的 IBM/SPSS 软件可能在显示上有些微小的不同。

第四步：执行单因素方差分析（检查条件假设和执行统计检验）。

图 2 至图 5 展示了用 IBM/SPSS 软件来执行单因素方差分析的方法。我们给出了每一步的输出截图并介绍如何解读这些输出结果。

在单因素方差分析中，首先为了检查因变量（学生的期末考试成绩）是否服从正态分布，用 IBM/SPSS 软件中的“Explore”过程来计算数据中相应的峰度(kurtosis)、偏斜度值(skewness)及 Shapiro-Wilk 检验结果。

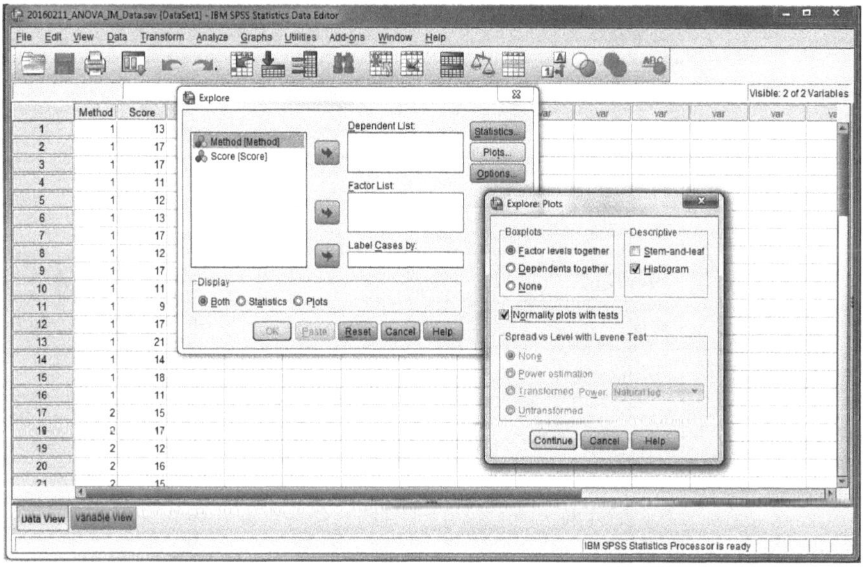

图 2　用 IBM/SPSS 软件执行单因素方差分析屏幕截图

三组不同授课方式下学生期末考试的描述性统计数据如表 4 所示，三组学生期末考试成绩的峰度和偏斜度值都介于−1 和 1 之间，这一结果表示每组学生的期末考试成绩都服从正态分布。对于 Shapiro-Wilk 检验，设定显著水平为 0.05，三组学生的期末考试成绩所对应的 p 值都大于 0.05，这再一次表明三组学生的期末考试成绩服从正态分布（表 5）。除了用这些检验方法外，也可以通过数据的枝叶图、直方图和正态分布图来检验每组的因变量是否接近或服从正态分布。

表 4　三组不同授课方式学生期末考试成绩的数据描述

课堂上只给学生讲课			统计量	标准误差
课堂上 只给学生讲课	平均值		14.38	0.841
	平均值的 95%的置信区间	下限	12.58	—
		上限	16.17	—
	5%截尾均值	—	14.31	—
	中位数	—	13.50	—
	方差	—	11.317	—
	标准差	—	3.364	—
	最小值	—	9	—
	最大值	—	21	—
	极差	—	12	—
	四分位距	—	6	—
	偏斜度	—	0.253	0.564
	峰度	—	−0.884	1.091
课堂上 只让学生讨论	平均值	—	16.56	0.730
	平均值的 95%的置信区间	下限	15.01	—
		上限	18.12	—
	5%截尾均值	—	16.57	—
	中位数	—	16.00	—
	方差	—	8.529	—
	标准差	—	2.920	—
	最小值	—	12	—
	最大值	—	21	—
	极差	—	9	—
	四分位距	—	5	—
	偏斜度	—	0.148	0.564
	峰度	—	−0.937	1.091

（续表）

课堂上只给学生讲课			统计量	标准误差
讲课和讨论相结合	平均值	—	17.88	0.591
	平均值的 95%的置信区间	下限	16.62	—
		上限	19.13	—
	5%截尾均值	—	17.86	—
	中位数	—	17.50	—
	方差	—	5.583	—
	标准差	—	2.363	—
	最小值	—	13	—
	最大值	—	23	—
	极差	—	10	—
	四分位距	—	2	—
	偏斜度	—	0.170	0.564
	峰度	—	0.954	1.091

表 5　正态分布测试

方法		Kolmogorov-Smirnov[a]			Shapiro-Wilk		
		统计量	自由度	显著性	统计量	自由度	显著性
得分	课堂上只给学生讲课	0.220	16	0.037	0.925	16	0.202
	课堂上只让学生讨论	0.141	16	0.200*	0.927	16	0.222
	讲课和讨论相结合	0.168	16	0.200*	0.966	16	0.777

a. 里利氏显著性修正。

在 IBM/SPSS 软件中，方差等同性假定可以用 Levene 测试来进行检验。具体做法如图 3、图 4 所示。

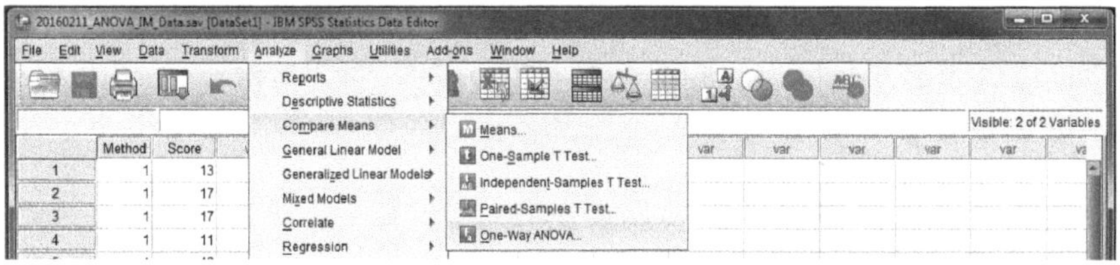

图 3　用 IBM/SPSS 软件执行方差等同性分析屏幕截图(1)

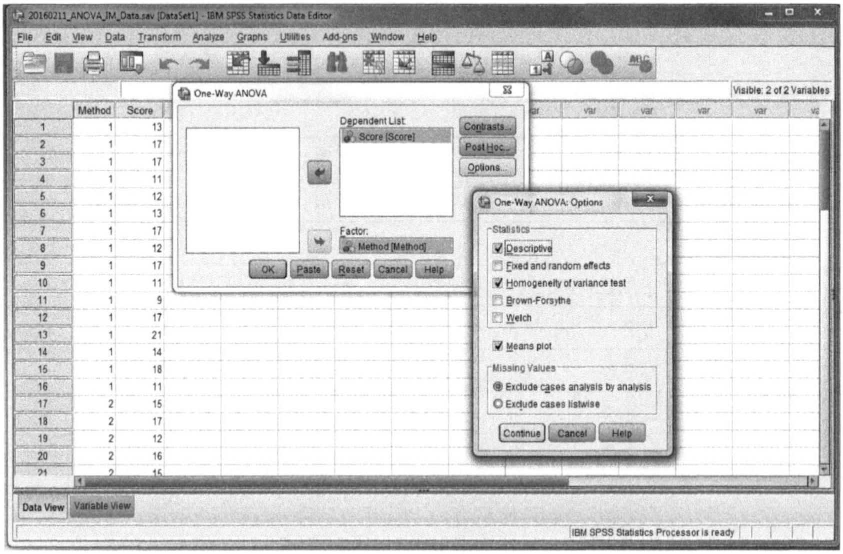

图 4　用 IBM/SPSS 软件执行方差等同性分析屏幕截图(2)

首先我们来看看 Levene 测试的结果，如表 6 所示。

表 6　方差等同性检验

成绩

Levene 统计量	df1	df2	Sig.
2.359	2	45	0.106

表 6 中，Levene 测试的 p 值 $=0.106>0.05$。这表明在 0.05 的显著水平下，三个组中的因变量（期末考试成绩）的方差具有等同性，满足第二个条件假设。

单因素方差分析的第三个条件假设是每个组的样本之间相互独立。在此例中，48 名学生被随机分配到三个不同的组中，期末考试成绩数据来自这些学生，因此满足第三假设。

在检查三个条件假设后，我们首先来人工计算一下 F 值，以加深对单因素方差分析的理解。而后我们会列出软件的输出结果以供参考。

总均值：

$$\overline{y}_{..}=\frac{\sum_{ij} y_{ij}}{n}=\frac{781}{48}=16.27$$

总方差：

$$SS_T=\sum_{i=1}^{m}\sum_{j=1}^{n}(y_{ij}-\overline{y}_{..})^2=(13-16.27)^2+\cdots+(17-16.27)^2$$
$$=481.479$$

组间方差：

$$SS_B=n\sum_{i=1}^{m}(\overline{y}_{i.}-\overline{y}_{..})^2$$
$$=16([(13+17+\cdots+18+11)/16]-16.27)^2+\cdots+$$
$$16([17+17+\cdots+15+17)/16]-16.27)^2$$
$$=100.042$$

组内方差：

$$SS_W=\sum_{i=1}^{m}\sum_{j=1}^{n}(y_{ij}-\overline{y}_{i.})^2=(13-14.38)^2+(17-14.38)^2+\cdots$$
$$+(17-17.88)^2$$
$$=381.438$$

总方差、组间方差与组内方差的自由度如表 7 所示。

表 7　自由度

方差来源	自由度(*DF*)
SS_T	$N-1$ 或 48－1＝47
SS_B	$m-1$ 或 3－1＝2
SS_W	$N-m$ 或 48－3＝45

均方：

$$MS_B=\frac{SS_B}{m-1}=\frac{100.042}{3-1}=50.021$$

$$MS_W = \frac{SS_W}{N-m} = \frac{381.438}{48-3} \approx 8.476$$

F 统计：

$$F_0 = \frac{MS_B}{MS_W} = \frac{50.021}{8.476} \approx 5.901$$

上述计算结果如表 8 所示。

表 8　摘要表

方差来源	SS	df	MS	F
组间	$SS_B = 100.042$	$m-1=2$	$SS_B/(m-1) = 50.021$	
组内	$SS_W = 381.438$	$N-m=45$	$SS_W/(N-m) \approx 8.476$	$MS_B/MS_W \approx 5.901$
总体	$SS_W + SS_B = 481.479$	$N-1=47$	—	

三组不同授课方式下学生期末考试成绩的描述性统计情况如表 9 所示。

表 9　描述性统计

得分

	样本量	平均值	标准差	标准误差	平均值的 95% 的置信区间		最小值	最大值
					下限	上限		
课堂上只给学生讲课	16	14.38	3.364	0.841	12.58	16.17	9	21
课堂上只让学生讨论	16	16.56	2.920	0.730	15.01	18.12	12	21
讲课和讨论相结合	16	17.88	2.363	0.591	16.62	19.13	13	23
总计	48	16.27	3.201	0.462	15.34	17.20	9	23

三组不同授课方式下学生期末考试成绩的平均值如图 5 所示。

第五步：利用判断规则来评估所获得的 F 统计值。

如果选择显著水平为 0.05，那么 $F_{(1-0.05),2,45} = 3.20$。表 8 中，$F \approx 5.901 > 3.20$。表 10 为 IBM/SPSS 软件单因素方差分析结果汇总，其中 p 值 $= 0.005 < 0.05$。因此在 0.05 的显著水平上零假设不成立。

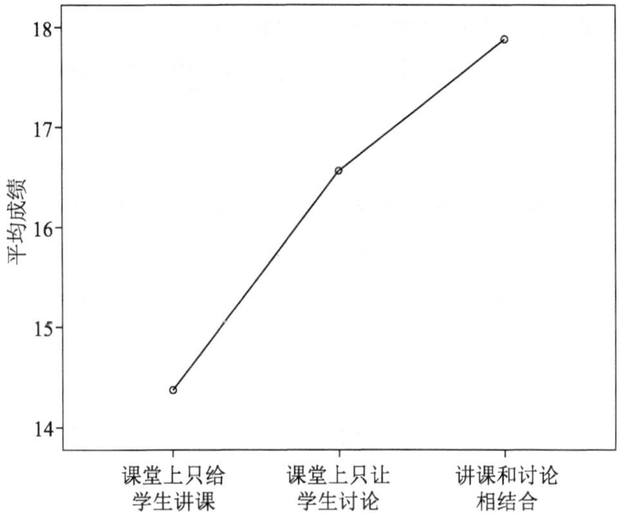

图 5　三组不同授课方式下学生期末考试平均成绩

表 10　ANOVA

得分

方差来源	平方和	自由度	均方	F	显著性
组间方差	100.042	2	50.021	5.901	0.005
组内方差	381.438	45	8.476		
总计	481.479	47	—	—	—

根据以上结果，我们可以得出以下结论：三种授课方式对学生期末考试成绩有不同的影响。查看三组学生期末考试成绩的均值，会发现讲课和讨论相结合的第三种授课方式组的学生的期末考试均值高于任一其他组。

鉴于单因素方差分析结果显示三组学生的期末考试成绩有统计学意义上的区别，需要执行一些后续测试来判断哪一种授课方式会对学生的期末考试成绩带来最佳影响。反之，如果以上的单因素方差分析结果显示三组学生的期末考试没有统计学意义上的显著差异，这一分析就此结束。

第六步：执行后续两两比较。

在此例中，我们已经验证了三个条件假设，且三组中具有相等的学生数目。因此，可以用 Tukey HSD 后续测试程序来确定哪两个组的均值有显著区别，如图 6 所示。在一些特殊情况下，等同方差的条件假设可能无法满足。此时可以采用 Games-Howell 后续测试程序并应用调整的 F 统计来进行两两比较。

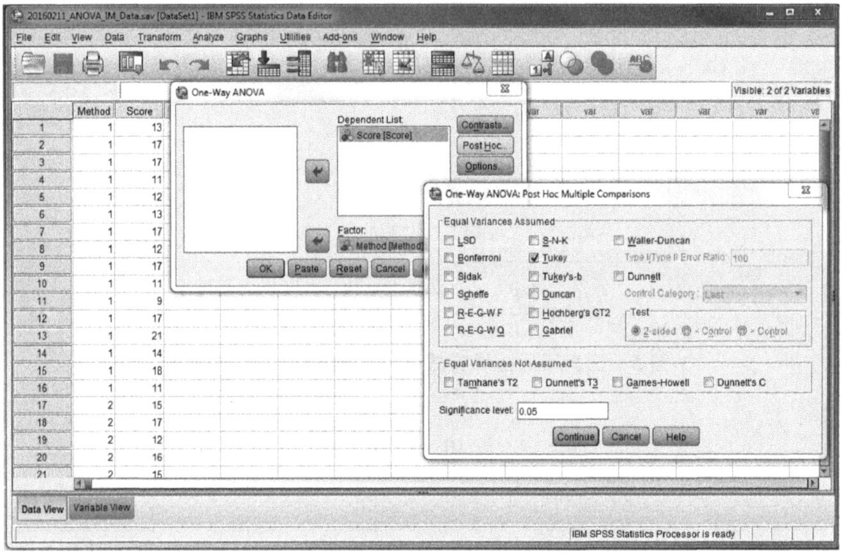

图 6　用 IBM/SPSS 软件执行 Tukey HSD 后续测试屏幕截图

Tukey HSD

$$HSD = q_{\alpha,\, m,\, N-m}\sqrt{MS_W\left(\frac{1}{n}\right)}$$，q 或差距检定 $\alpha = 0.05$，$m = 3$，$N - m = 45$

$$HSD = 3.43\sqrt{8.476\left(\frac{1}{16}\right)} = 2.496$$（重要的平均差值大于 HSD）

Tukey HSD 的输出结果如表 11 所示。三组学生中，合并授课方式组和讲课组的学生的期末考试成绩有显著区别。二者成绩的均值差＝3.500，所对应的 p 值＝0.004＜0.05。但是在合并组和讨论组的学生的期末考试成绩无显著区别，讲课组与讨论组的学生的期末考试成绩也无显著区别[结果也显示在同类子群比较表（表 12）中]。

表 11　后续测试

多重比较

得分

Tukey HSD

(I) 方法	(J) 方法	平均差 (I—J)	标准误差	显著性	95%的置信区间	
					下限	上限
课堂上只给学生讲课	课堂上只让学生讨论	−2.188	1.029	0.096	−4.68	0.31
	讲课和讨论相结合	−3.500*	1.029	0.004	−5.99	−1.01
课堂上只让学生讨论	课堂上只给学生讲课	2.188	1.029	0.096	−0.31	4.68
	讲课和讨论相结合	−1.313	1.029	0.416	−3.81	1.18
讲课和讨论相结合	课堂上只给学生讲课	3.500*	1.029	0.004	1.01	5.99
	课堂上只让学生讨论	1.313	1.029	0.416	−1.18	3.81

*. 平均差在 0.05 水平上显著。

同类子群

表 12　得分

Tukey HSD[a]

方法	样本量	Subset for alpha=0.05	
		1	2
课堂上只给学生讲课	16	14.38	
课堂上只让学生讨论	16	16.56	16.56
讲课和讨论相结合	16	—	17.88
显著性	—	0.096	0.416

将显示齐性子集中各个组的平均值。
a. 使用调和平均值样本大小等于 16.000。

第七步：报告研究结果。

在此例中，单因素独立样本固定效应方差分析被用于判断三种授课方式对学生期末考试成绩是否有显著影响。基于 $F_{(1-.05),2,45}=5.901$，p 值 <0.05 的结果显示三组授课方式对学生期末考试成绩的影响有显著区别。Tukey HSD 后续检验表明，合并授课方式组的学生具有比讲课方式组的学生显著高的期末考试成绩，两组学生期末考试成绩对应的均值分别是：17.88 ± 2.363 和 14.38 ± 3.364，p 值 $=0.004<0.05$。

除了报告统计分析的结果，我们更要着重解释统计结果与研究问题之间的联系。此例中，评估协调员希望得知三种授课方式是否影响学生的大学物理入门课的期末考试成绩。如果授课方式对学生的成绩没有影响，那么评估协调员会减少对授课方式的关注，从而关注其他可提高学生学习效果的因素。反之，如果学生的期末考试成绩因教学方法而异，评估协调员会仔细研究收获最好效果的授课方式，对更为广泛地推行该授课方式的可行性进行评估。在此例中，假设检验的统计分析结果表明：学生的期末考试成绩与教学方式存在统计学上的显著差异。与讲课方式组相比较，合并授课方式组的学生的平均期末考试成绩更高。因此，报告需要表明：三组学生的期末考试成绩存在可观测到的差异，其中合并授课方式组的学生期末优于讲课方式组；但是，讲课方式组与讨论方式组，讨论方式组与合并授课方式组的学生的期末考试成绩无显著差异。

在许多情况下，教育和院校研究机构中的研究设计属于准实验设计范畴，也就是说，由于各种原因，对研究对象实施随机分组往往是不可行的。因此，与用户开会讨论我们的分析结果及相关问题是极其有意义的。在此例中，与评估协调员的讨论有助于我们了解三个授课组学生的背景，以及学生的背景因素是否会对学生期末考试成绩构成影响。在与评估协调员协商后，可能需要一个新的实验设计进一步研究在物理入门课程中采用组合教学模式的教学效果。基于对相关主题的文献的回顾，评估协调员可以进一步探索主动学习（如参与课堂讨论或互动活动）的重要性，能够更好地将课堂知识与学生的学习偏好相结合。评估协调员对课堂及学生的具体情况有非常丰富的了解和认知，同他们深入探讨能够加深我们对课堂事务的了解，为找到更好的为学生提供服务的方式奠定基础。

4.1.2　例 2：重复测量单因素固定效应的方差分析

例 2 用来介绍如何应用重复测量单因素固定效应的方差分析来检验经过正式的授课过程，学生对电子工程专业中电子信号处理的一些概念的理解是否在不断加深。我们在课程刚开始时、课程中期及课程结束时对每名学生进行了共三次关于概念理解的考试，并给予评分。具体信息如下：一名教师给 14 名随机抽选的电子工程专业的本科生上为期 10 周的电子信号处理课，每名学生在课程开始时、课程第 5 周时和课程第 10 周时都参加关于此课程相关概念的测试，试卷中含有 25 个多项选择题。

类似于例 1，例 2 中的单因素为测试时间，包括三个层次：学前、期中、期末。因变量为概念考试成绩，其为一个连续型变量。重复测量是指每名学生都要参加三次考试。同一名学生的三次考试成绩存在关联性。

重复测量实验设计在自由度计算上与例 1 中独立实验设计的情况不同。类似于例 1，固定效应模型建议基于此例所得结论只适用于本例特定的三个不同的时间段的效果比较。每名学生三次考试成绩数据如表 13 所示。

表 13　学生三次概念考试的分数

学生编号	得分 1（预测试）	得分 2（期中）	得分 3（期末）	学生编号	得分 1（预测试）	得分 2（期中）	得分 3（期末）
1	10	13	23	8	13	20	20
2	5	12	10	9	13	17	22
3	11	14	15	10	9	17	17
4	8	13	18	11	11	16	22
5	8	8	22	12	8	16	19
6	13	13	12	13	12	14	15
7	14	16	18	14	10	9	17

我们将使用与例 1 类似的介绍步骤来检验正式的授课过程能否帮助学生加强对概念的掌握。

第一步：确定单因素方差分析的假设检验及显著水平(a)。

零假设(H_0)通常认为，不同组或处理水平不引起组间均值显著差异；实验假设(H_1)通常认为，至少一组或者处理水平引起均值显著差异。

H_0：$\mu_1 = \mu_2 = \mu_3$(组间均值无差别)；

H_1：至少有一个组的均值 μ_i 不同于其他组的均值，$i = 1, \cdots, 3$；

$\alpha = 0.05$。

第二步：确定统计检验及临界值。

在该例中，我们依然要利用 F 检验。但与独立样本的单因素方差分析略有不同，公式可以写成：$F = MS_M / MS_{Error}$。对于相互关联的实验设计，F 统计量中分母自由度的计算受关联个体的影响而遵照不同的计算公式。其中，不同的考试时间：$m=3$，总学生数：$n=14$。因此分子项的自由度为 $df_M=(m-1)=3-1=2$，分母项的自由度为 $df_{Error}=df_W \cdot df_M=(m-1)(n-1)=(3-1)(14-1)=26$。据此查表可知临界 F 值为 3.369。如果 F 统计量大于此临界值，我们就可以认为零假设（H_0）在 0.05 的显著水平上不成立。

第三步：收集并输入数据。

可将表 13 中的数据从 Excel 工作簿中导入 IBM/SPSS 软件或者直接输入 IBM/SPSS 软件数据编辑器窗口。三列数据如图 7 所示。

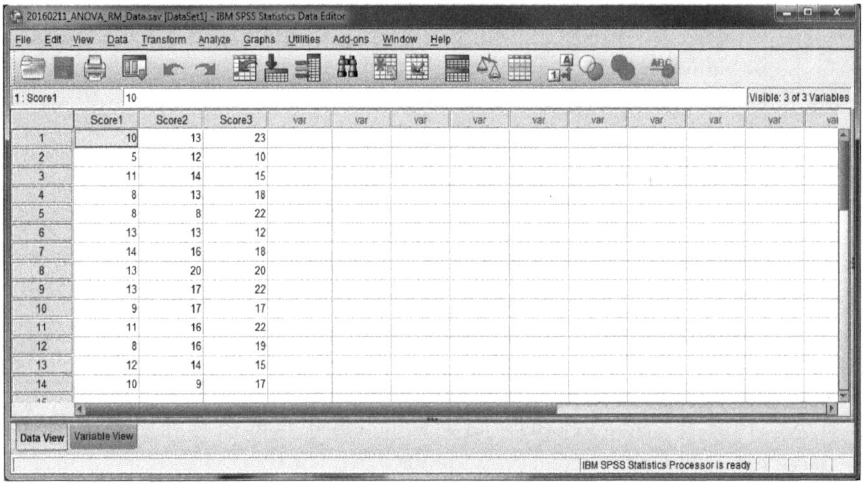

	Score1	Score2	Score3
1	10	13	23
2	5	12	10
3	11	14	15
4	8	13	18
5	8	8	22
6	13	13	12
7	14	16	18
8	13	20	20
9	13	17	22
10	9	17	17
11	11	16	22
12	8	16	19
13	12	14	15
14	10	9	17

图 7　将学生考试成绩输入 IBM/SPSS 软件数据编辑器截图

第四步：执行单因素方差分析（检查条件假设和执行统计检验）。

类似于例 1 中第四步，为了检查因变量（学生成绩）是否服从正态分布，可以应用 IBM/SPSS 软件中的“Explore”功能来计算数据中相应的峰度、偏斜度值及 Shapiro-Wilk 检验结果（图 8）。

如果在 Shapiro-Wilk 测试中，事先设定显著水平为 0.05，而三组学生成绩所对应的 p 值都大于 0.05，即表明学生的三次成绩服从正态分布（表 14）。

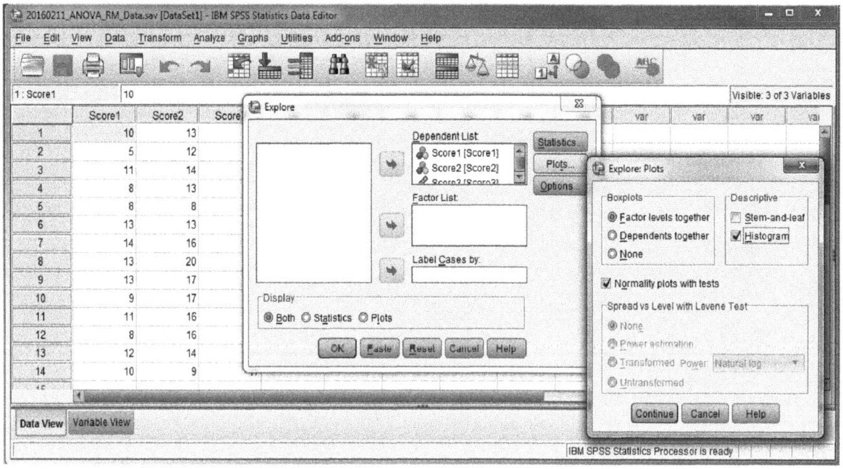

图 8　峰度、偏斜度值及 Shapiro-Wilk 检验的操作截图

表 14　正态检验

	Kolmogorov-Smirnov[a]			Shapiro-Wilk		
	统计量	自由度	显著性	统计量	自由度	显著性
得分 1	0.135	14	0.200*	0.947	14	0.518
得分 2	0.147	14	0.200*	0.958	14	0.685
得分 3	0.142	14	0.200*	0.942	14	0.440

a. 里利氏显著性修正。

除了用这些检验方法外，我们也可以通过数据的枝叶图、直方图和正态分布图来检验每组成绩是否接近或服从正态分布。当考虑学生成绩数据的峰度和偏斜度值时，如果它们的值介于－1 和 1 之间，则认为学生成绩接近于正态分布(表 15)。

表 15　描述性统计

			统计量	标准误差
得分 1	平均值	—	10.36	0.684
	平均值的 95%的置信区间	下限	8.88	—
	—	上限	11.84	—
	50%截尾值	—	10.45	—

（续表）

			统计量	标准误差
得分 1	中位数	—	10.50	—
	方差	—	6.555	—
	标准差	—	2.560	—
	最小值	—	5	—
	最大值	—	14	—
	极差	—	9	—
	四分位距	—	5	—
	偏斜度	—	−0.465	0.597
	峰度	—	−0.281	1.154
得分 2	平均值	—	14.14	0.857
	平均值的 95%的置信区间	下限	12.29	—
		上限	15.99	—
	5%截尾值	—	14.16	—
	中位数	—	14.00	—
	方差	—	10.286	—
	标准差	—	3.207	—
	最小值	—	8	—
	最大值	—	20	—
	极差	—	12	—
	四分位距	—	4	—
	偏斜度	—	−0.314	0.597
	峰度	—	0.202	1.154
得分 3	平均值	—	17.86	1.042
	平均值的 95%的置信区间	下限	15.61	—
		上限	20.11	—
	5%截尾值	—	18.01	—
	中位数	—	18.00	—
	方差	—	15.209	—
	标准差	—	3.900	—
	最小值	—	10	—

（续表）

			统计量	标准误差
得分 3	最大值	—	23	—
	极差	—	13	—
	四分位距	—	7	—
	偏斜度	—	−0.565	0.597
	峰度	82	−0.281	1.154

对于重复测量的单因素方差分析，如图 9 所示，我们可以用 IBM/SPSS 软件中的 Mauchly 球形检验来检验所有可能组合的相关联样本观测值之差值是否具有方差等同性，或者是否能满足 Mauchly 的球形方差检验。

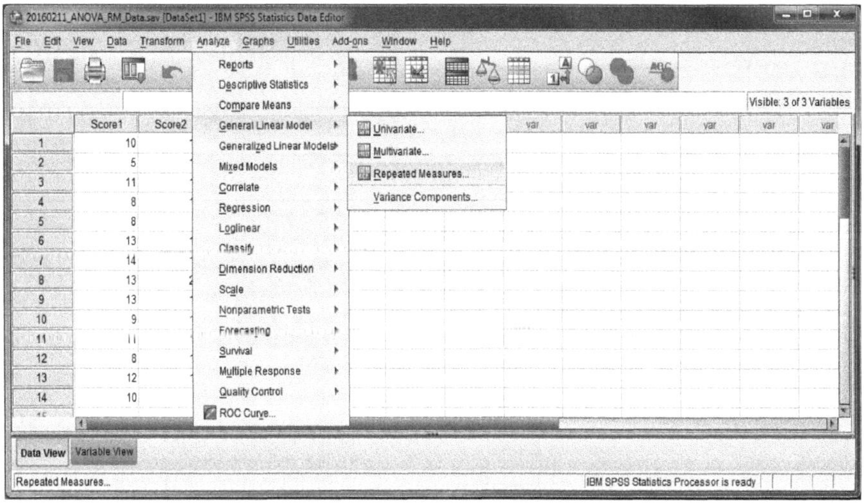

图 9　IBM/SPSS 软件中 Mauchly 球形检验的操作截图

通常将显著水平设置为 0.05。根据 Mauchly's 球形检验的结果（表 16）可知，p 值$=0.267>0.05$，这表明方差符合球形方差条件假设。

在检查了这些关键假设后，我们将继续计算 F 统计值。摘要表和相关操作截图见表 17 和图 10、图 11，受试者内因素及描述性统计结果见表 18、表 19。

表 16　Mauchly's 球形检验[b]

测量项：成绩

组内效应	球形度 W 值	近似卡方	自由度	显著性	Epsilon[a]		
					Greenhouse-Geisser	Huynh-Feldt	下限
Administration	0.802	2.645	2	0.267	0.835	0.943	0.500

检验零假设，即正交归一化变换后的因变量的误差协方差矩阵是否与单位矩阵成比例。

a. 可能用于调整平均显著性检验的自由度。校正后的检验显示在“被试内效应检验”表中。

b. 设计：截距。被试内设计：管理。

表 17　摘要表

方差来源	SS	DF	MS	F
组间	$SS_B = 209.738$	$n-1=13$	$SS_B/(n-1)=16.134$	—
组内	—	—	—	
模型(管理)	$SS_M = 393.762$	$m-1=2$	$SS_M/(m-1)=196.881$	$MS_M/MS_R = 24.740$
误差	$SS_R = 206.905$	$(m-1)(n-1)=26$	$SS_R/(m-1)(n-1)=7.958$	—
总方差	$SS_T = 810.405$	$N-1=41$	—	

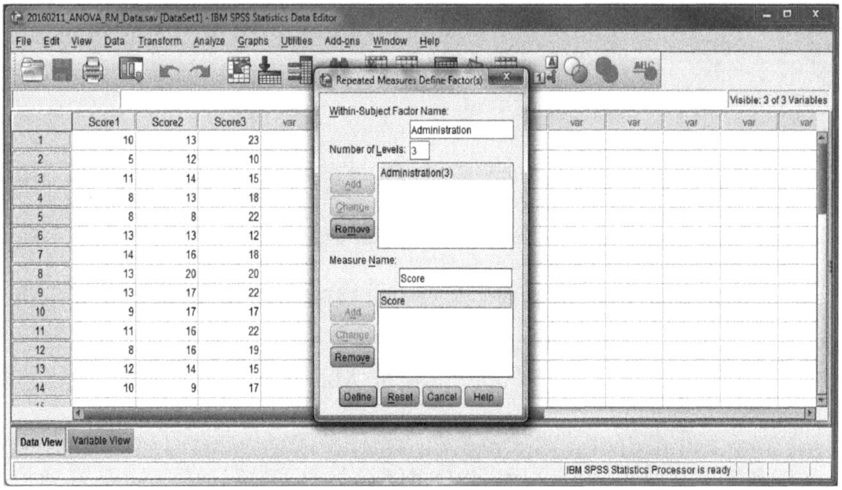

图 10　计算 F 统计值的操作截图(1)

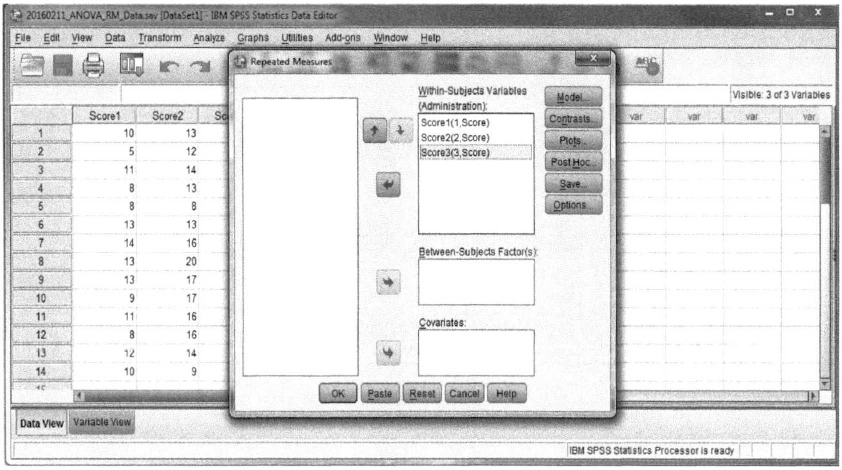

图 11　计算 F 统计值的操作截图(2)

表 18　受试者内因素

测量项：成绩

Administration	因变量
1	得分 1
2	得分 2
3	得分 3

表 19　描述性统计

	平均值	标准差	样本量
得分 1	10.36	2.560	14
得分 2	14.14	3.207	14
得分 3	17.86	3.900	14

第五步：利用判断规则来评估所获得的 F 统计值。

如果将显著水平设置为 0.05，F 临界值 $=3.369$。根据表 20 可知，p 值 $=0.000\,001<0.05$，F 统计值 $=24.740>3.369$。因此零假设（H_0）所建议的组间无显著均值差异在 0.05 的显著水平下是不成立的。

表 20　受试者内部效应测试

测量项：分数

来源		Ⅲ类型的平方和	自由度	均方	F	显著性	偏 Eta 方
Administration	Sphericity Assumed	393.762	2	196.881	24.740	0.000001	0.656
—	Greenhouse-Geisser	393.762	1.670	235.822	24.740	0.000	0.656
—	Huynh-Feldt	393.762	1.887	208.708	24.740	0.000	0.656
—	下限	393.762	1.000	393.762	24.740	0.000	0.656
Error (Administration)	Sphericity Assumed	206.905	26	7.958	—	—	—
—	Greenhouse-Geisser	206.905	21.707	9.532	—	—	—
—	Huynh-Feldt	206.905	24.527	8.436	—	—	—
—	下限	206.905	13.000	15.916	—	—	—

根据表 20 的结果，我们可得出以下结论：三个时期学生的考试成绩不是完全相同的。根据叙述统计的输出结果及图 12 可知，学生平均考试成绩随时间推移显著提高。预考试、期中考试和期末考试的平均成绩分别为：10.36，14.14 和 17.86。

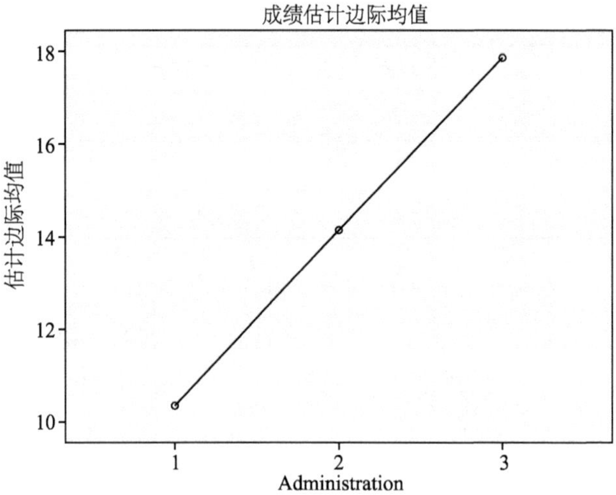

图 12　学生三个时期成绩的估算边际均值变化线性图

鉴于重复测量单因素方差分析结果显示三个时间段学生的成绩有显著区别，执行 Bonferroni 校正后续检定来判断哪一个时间段会对学生的成绩带来最佳影响。

第六步：执行后续两两比较。

在这种情况下，可以用 Bonferroni 校正后续检定来判断哪两个组均值存在显著差异(图 13)。

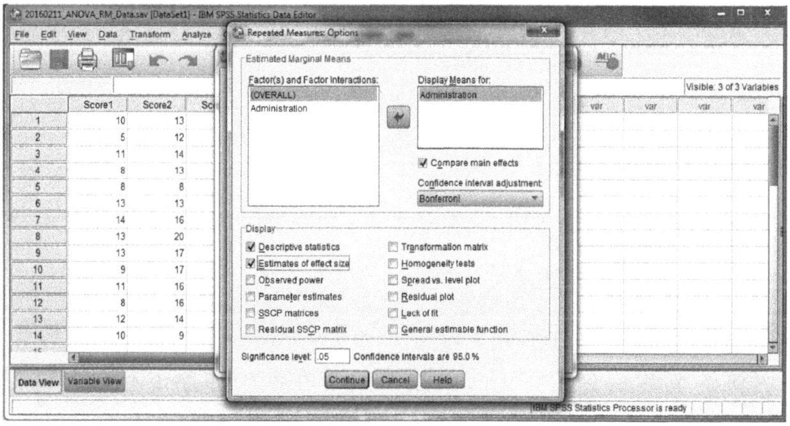

图 13　Bonferroni 校正后续检定

如表 21、表 22 所示，期中考试成绩与预测试成绩均值有显著差异。预测试平均成绩为 10.357，期中考试平均成绩为 14.143（二者平均差值为 3.786，$p=0.001<0.05$）；期末考试成绩与期中考试成绩均值有显著差异，期末考试平均成绩为 17.857（二者平均差值为 3.714，$p=0.029<0.05$）；另外，期末考试平均成绩显著高于预测试平均成绩（二者平均差值为 7.500，$p=0.00005<0.05$）。

表 21　估计表

测量项：成绩

Administration	平均值	标准误差	95%的置信区间	
			下限	上限
1	10.357	0.684	8.879	11.835
2	14.143	0.857	12.291	15.995
3	17.857	1.042	15.605	20.109

表 22 成对比较

测量项：成绩

(I) Administration	(J) Administration	平均差 (I-J)	标准误差	显著性[a]	95％的置信区间	
					下限	上限
1	2	−3.786*	0.806	0.001	−6.000	−1.571
—	3	−7.500*	1.123	0.00005	−10.584	−4.416
2	1	3.786*	0.806	0.001	1.571	6.000
—	3	−3.714*	1.224	0.029	−7.076	−0.352
3	1	7.500*	1.123	0.00005	4.416	10.584
—	2	3.714*	1.224	0.029	0.352	7.076

第七步：报告研究结果。

例 2 中，单因素相关联重复测量样本固定效应方差分析被用于检定学生概念考试的成绩是否随着正式的授课过程在期中和期末有显著的提高。$F_{2,26}=24.740$，p 值<0.05 的结果显示，学生概念考试的成绩在预测试、期中考试中和期末考试中有显著差异。后续 Bonferroni 校正检验表明学生成绩随着授课时间的推移而显著提高。三次考试所对应的成绩分别是：10.357±0.684，14.143±0.857 和 17.857±1.042。

此例中，电气工程专业的评估协调员提出的研究问题是：随着正式授课的推进，学生对数字信号处理的一些概念的理解是否不断加深。如果课堂教学是有效的，我们应该能够观察到后两个时期学生的概念考试成绩与预测试成绩相比有所提高。如果后两次的考试成绩与预测试成绩相比没有明显的变化，就表明教师需要改善教课方式。

假设检验结果表明，在预测试、期中考试及期末考试中，学生的平均成绩的差异是统计显著的。期中考试和期末考试的结果显示：在为期 10 周的授课时间内，学生每次考试成绩均较上一次有显著提高。这说明学生对连续时间系统和信号概念的理解是随着课堂授课的推进而逐渐加深的。因此，解释或回答研究问题的报告应该指明：随着时间的推移，学生的表现存在明显的差异，分析结果支持授课过程能够帮助学生掌握该课程的概念这一假设。与例 1 类似，与用户开会讨论我们的分析结果和相关解释是非常必要的。例 2 中，与评估协调员的讨论可以帮助我们鉴别其他因素对成绩的作用，如考试的时间安排。或许我们需要设计一种新的实验方式或者重复第一次的实验以使结论更有说服力。基于对相关文献的调研，评估协调员可以针对同一学科给学生出不同的考试题目以佐证我们的分析结论。

5. 余论

除单因素方差分析模型外，更多的非连续自变量也可以被添加到模型中来检验样本均值是否存在显著差异。例如，例 1 中，院校研究员想要知道除不同的授课方式外，性别是否对成绩也有影响，方差分析模型就从单因素模型被扩展为双因素模型，双因素为授课方式和性别。如果继续增加非连续自变量的数量，模型就进一步被扩展为多因素模型。在三种模型中，因变量始终是连续性变量。随着自变量数量的增加，模型的复杂程度也相应提高。使用统计软件可以让复杂的分析过程有所精简。但是引入多个自变量后，需要考虑自变量之间的相互作用。

除了用 F 检验来判断多组均值之间是否有显著差异，计算效果量（*ES*）也有助于确定实际显著性，或者因变量与自变量之间关联性的强度：检查方差中多少比例可以由自变量来解释及估计组间均值的差异。有许多方法适用于测量效果量。此处我们将介绍用于检测模型所能解释的方差的三个常用方法：ω^2、η^2 和局部 η^2；对于估计两两均值比较的差异，我们将介绍 Cohen 距离。

ω^2、η^2 和局部 η^2 可用于衡量多少比例的因变量变化能够被方差分析模型中的自变量所预测。凯佩尔（Keppel）在其 1991 年出版的《设计和分析：研究者手册》（*Design and Analysis: A Researchers's Handbook*）一书中提出：小效果量通常位于 $ES=0.01$；中等效果量位于 $ES=0.06$；大效果量位于 $ES=0.15$。我们将使用例 1 来阐述如何计算效应值。

ω^2:

此处，我们将用例 1 来估计有多少比例的成绩总方差可以被三种不同的教学方法解释。

$$\omega^2 = \frac{SS_B - (m-1)MS_W}{SS_T + MS_W} = \frac{100.042 - (3-1)8.476}{481.479 + 8.476} = 0.1696$$

计算出的 ω^2 值意味着教学方法这一因素在单因素方差分析模型中约解释 16.96%的考试成绩总方差。

同样地，我们可以计算例 2 中，多少比例的学生概念考试成绩总方差可以被正式授课过程解释。

$$\omega^2 = \frac{\left[\frac{m-1}{nm}(MS_M - MS_R)\right]}{MS_R + \frac{MS_M - MS_R}{m} + \left[\frac{m-1}{nm}(MS_M - MS_R)\right]}$$

$$= \frac{\left[\frac{3-1}{14\times 3}(196.881 - 7.958)\right]}{7.958 + \frac{16.134 - 7.958}{3} + [8.996]} = 0.4571$$

计算出的 ω^2 值意味着在例 2 所对应的单因素重复测量方差分析模型中，正式教学过程可以解释 45.70%的学生概念考试成绩总方差。

η^2:

例 1 中，η^2 可以按以下公式计算：

$$\eta^2 = \frac{SS_B}{SS_T} = \frac{100.042}{481.479} = 0.2078$$

计算得到的 η^2 值意味着单因素方差分析模型中学生成绩总方差的 20.78%可以由教学方式来解释。

例 2 中，η^2 为：

$$\eta^2 = \frac{SS_M}{SS_T} = \frac{393.762}{810.405} = 0.4859$$

因此例 2 中，48.59%的概念考试成绩总方差可以被正式授课过程解释。

局部 η_p^2：

例 1 中，局部 η_p^2 等于 η^2：

$$\eta_p^2=\frac{SS_B}{SS_B+SS_R}=\frac{SS_B}{SS_T}=\frac{100.042}{481.479}=0.2078$$

然而例 2 中，局部 η_p^2 由以下公式所得：

$$\eta_p^2=\frac{SS_M}{SS_W}=\frac{393.762}{600.667}=0.6555$$

因此 65.55%的概念考试成绩总方差可被正式授课过程解释。

使用标准的衡量方法对不同案例和不同方差分析模型进行比较，可以看到从重复测量方差分析中的误差中消除学生差异所带来的优势，即能更好地检测自变量对因变量真正的影响。这种分析可以用较少的样本数量。根据凯佩尔所建议的衡量效应量的标准，在我们所讨论的两个例子中，它们的效果量都可以被归类到大的效果范围，因此在实际应用中，我们可知授课方式、正式授课过程对学生成绩有显著的影响。

另外，Cohen 距离对两两比较中的均值差异进行了标准化处理，从而可以利用 Cohen 距离来衡量效果的大小。根据 Cohen 于 1988 年出版的《行为科学的统计功效分析》(*Statistical Power Analysis for the Behavioral Sciences*)一书，在社会科学领域，效果量范围的参考标准为：小的效果量位于 $d=0.2$；中等效果量位于 $d=0.5$；大的效果量位于 $d=0.8$。

对于例 1，我们可以依据以下公式来比较三种不同授课方式中的两种：仅授课方式和授课与讨论相结合方式。标准化的成绩均值之差为：

$$d=\frac{M_2-M_1}{SD_{pooled}}=\frac{M_2-M_1}{\sqrt{\dfrac{SD_2^2+SD_1^2}{2}}}=\frac{M_{Combined}-M_{Lecture}}{SD_{pooled}}$$

$$=\frac{17.88-14.38}{\sqrt{\dfrac{2.363^2+3.364^2}{2}}}=1.204$$

计算出的 Cohen 距离值表示授课与讨论相结合组的学生的平均分比仅

授课组学生的平均分多 1.204 个标准偏差。

对于例 2 中重复测量方差分析，我们需要应用 Morris 和 DeShon 所提出的针对重复测量的 Cohen 距离转化公式，以便于比较独立样本与关联样本之间的效应量。详情请参考 Morris 和 DeShon 在 2002 年发表的关于在两种不同的实验设计（重复测量与独立样本实验设计）中估计效果量的方法的文章。① 斯皮尔曼等级相关系数或 rho(ρ)可以用于比较相关联样本设计中组间均值。

$$d_{RM}=\frac{d}{\sqrt{2(1-\rho)}}$$

首先，预测试与期中考试平均成绩的标准化均值差可按以下公式计算：

$$d_{RM}=\frac{\dfrac{14.14-10.36}{\sqrt{\dfrac{3.207^2+2.560^2}{2}}}}{\sqrt{2(1-0.509)}}=1.267$$

其中，rho(ρ)等于 0.509。在这里，Cohen 距离的计算值表示期中平均成绩比预测试平均成绩高 1.267 个标准偏差。

其次，期中与期末平均成绩的标准化均值为：

$$d_{RM}=\frac{\dfrac{17.86-14.14}{\sqrt{\dfrac{3.900^2+3.207^2}{2}}}}{\sqrt{2(1-0.234)}}=0.814$$

其中，rho(ρ)等于 0.234。在这里，Cohen 距离的计算值表示期末考试平均成绩比期中考试平均成绩高 0.814 个标准偏差。

最后，预测试与期末考试平均成绩的标准化均值为：

$$d_{RM}=\frac{\dfrac{17.86-10.36}{\sqrt{\dfrac{3.900^2+2.560^2}{2}}}}{\sqrt{2(1-0.058)}}=1.804$$

---

① MORRIS S B, DESHON R P. Combining effect size estimates in meta-analysis repeated measures and independent-groups designs[J]. Psychological Methods, 2002, 7(1): 105.

其中，rho(ρ)等于 0.058。在这里，Cohen 距离的计算值表示期末考试平均成绩比预测试平均成绩高 1.804 个标准偏差。

根据 Cohen 所建议的比较效应量的准则，例 2 中三个时期的平均成绩差异可以被归为较大效果量范畴，组间均值实际差异显著。

回归模型及其在院校研究中的应用

张 杨

内容提要 回归分析是院校研究人员分析数据的重要方法之一。院校研究人员可以根据历史数据对反映问题的重要变量作出预测,将研究结果展示给决策者,从而帮助决策者了解哪些因素或变量会影响他们关心的重要问题。决策者还可以利用预测结果调整或修改相关决策,以达到最佳效果。本文介绍线性回归和逻辑回归方法,并通过大学一年级新生保有率(Retention Rate)的案例,具体介绍逻辑回归分析在院校研究中的应用。

关键词 回归分析 线性回归 逻辑回归

1. 引言

院校研究最重要的功能之一是利用数据分析为学校作决策提供支持。具体来说,院校研究人员通过分析各种数据回答决策者在作决定前提出的问题。对历史数据进行分析整理以呈现学校在某些方面的历史趋势是院校研究分析中最常用的方法,然而历史数据对学校正在面临的,或是未来面临的决策的参考作用是有限的。随着院校研究的发展,回归分析统计方法的预测手段兴起。该手段能够帮助决策者了解哪些因素或变量会影响某个重要变量，并根据历史数据对该变量作出预测。由于回归分析的预测功能可以帮助决策者制定着眼未来的决策，因此其在院校研究中的应用越来越受重视，可以说是未来院校研究发展的重点方向之一。

回归分析在院校研究中的运用范围非常广泛。例如帮助招生办公室负责人及时调整招生策略，从而达到拓展好生源的目的，院校研究人员可以通过分析以往申请学生的背景数据及被录取和是否入学的情况，建立回归模型对未来申请学校的学生的录取和入学情况作出预测。再如很多美国高校面临严重的学生退学或转学问题。院校研究办公室可以利用回归模型帮助学校在开学 1～2 个月内及时识别可能退学的“高离校风险学生”，并按照预测结果建立早期预警系统（Early Alert System）。通过该系统，制定相关政策和服务，以帮助学生克服各种困难，顺利完成本科学习。为帮助读者了解并应用回归分析方法，本文先介绍线性回归和逻辑回归方法，并结合学生保有率研究案例具体介绍逻辑回归分析在院校研究中的应用。

1.1 线性回归分析方法概述

在院校研究室所掌握的教学数据中，我们经常会发现一些存在密切关系的变量，如学生的高中成绩（High School GPA）与其大学一年级期末考试成绩（College GPA）这两个变量就存在显著的相关性。一般来说，高中成绩好的学生在大学学习一年后的 GPA 也会较好。但现实情况是，高中成绩相同的学生在大一期末的成绩往往会有差异。回归分析可以帮助我们分析变量间这种有关联但又非确定性的关系。

在讲回归分析前，首先要区分两种重要的变量：自变量和因变量。学生的高中毕业考试成绩在进入大学前就已经形成，因此高中成绩是可观测但不能人为控制的值，叫作自变量。自变量高中 GPA 的不同能引起另一些变量（即因变量）的变化，如大学一年级期末 GPA。回归分析通过研究自变量与因变量之间的依存（数量）关系，以达到根据已知的自变量值来预测因变量的目的。具体来说，回归分析是根据观测数据找出对因变量影响显著的自变量，建立回归模型用函数关系表达变量间的依存关系，并根据回归模型检验自变量的参数及自变量的数据预测因变量的值。

根据自变量和因变量之间不同的相关关系，回归分析可分为线性回归(Linear Regression)和非线性回归(Non-Linear Regression)。线性回归是在分析一个或多个自变量和因变量的关系的基础上，利用称为线性回归方程的最小平方函数建立变量之间的回归方程。回归分析中，只有一个自变量和一个因变量，且二者的关系可用一条直线近似表示，这种回归分析称为简单回归分析或一元线性回归分析(Simple Linear Regression)。如果回归分析中包括多个自变量，且因变量和自变量之间存在线性关系，则称为多元线性回归分析(Multiple Regression)。当因变量只取两个值，表示一种决策或结果的两种可能性时，回归模型叫作逻辑回归(Logistic Regression)。逻辑回归在院校研究中很常见，如在学生是否会辍学，是否会转专业，是否会在 4 年内毕业等研究课题中，因变量都是非 1 即 0 的形式，因此可以用逻辑回归建模解释。非线性回归是线性回归的拓展，专门研究非线性关系现象——变量不是以一次函数形态出现的回归预测。由于非线性回归分析在院校研究中不太常见，故本文不作详细介绍。

1.2 一元线性回归

首先，以线性回归分析中最简单的一元线性回归为例，介绍回归分析的基本原理。假设随机选取 10 名学生的高中和大学 GPA。因变量 Y(大学 GPA，以 CollegeGPA 表示)和自变量 X(高中 GPA，以 HSGPA 表示)间的相关关系可以用散点图来反映，图 1 中的每个点都代表一名学生的高中和大学 GPA 的观测数据。如果自变量和因变量之间为线性关系，那么可能有很多条直线可以描述因变量随自变量有规律地变化的线性关系。图 1 是大学 GPA(Y)与高中 GPA(X)之间的回归方程的散点图(Scatterplot)，图中的直线是根据 10 个观测点得到的回归直线。我们可以看到，10 个观测点都围绕在回归直线周围。回归分析可以帮助我们在众多直线中找到最恰当的、最能反映这种关系规律的直线趋势。

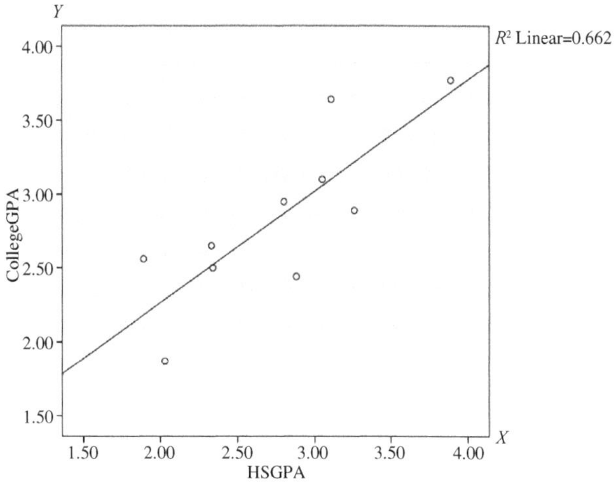

图 1　一元线性回归图

图 1 中统计关系的直线可以用如下回归方程来表示：

$$Y=\beta_0+\beta_1X+e \tag{1-1}$$

$$Y=Y'+e \tag{1-2}$$

在这个回归方程中，β_0 是截距，β_1 是回归系数(regression coefficient)，即回归直线的斜率。回归系数 β_1 的统计学意义是自变量 x 每变化一个单位，因变量 y 平均变化的单位数。需要注意的是，散落的点 (x, y) 是实际观测值，而统计关系直线上的点 (x, y') 是预测值，不一定会在实际情况中出现。因此，统计关系直线的回归方程中用的是 y' 而不是 y。

另外，我们还可以看到众多观测点并不都落在统计关系直线上，而是散布在统计关系直线的周围。这说明因变量 y (CollegeGPA)的变化除受自变量 x (HSGPA)的影响以外，还受其他因素的影响。在现实生活中，即使自变量和因变量之间有极强的线性关系，散落的点也不可能都落在回归直线上。因此我们需要引入残差 e_i 的概念来反映实际观测值同预测值之间无法解释的差异。引入残差后，以一元线性回归模型表达某个(统计学中常用英文字母 i 来表示)实际观测值：$y_i=\beta_0+\beta_1xi+e_i$。请注意，由于 $\hat{Y}=\beta_0+\beta_1x$，因此，$y_i=\hat{Y}+e_i$。以图 1 为例，当观测值 y_i 位于预测值 $\hat{Y}$ 以上时，残

差 e_i 为正值；当观测值 y_i 位于观测值 $\hat{Y}$ 以下时，残差 e_i 为负值。

线性回归的目的是通过确定回归方程中的回归系数 β_0 和 β_1，找到最恰当的、最能反映自变量和因变量间关系的回归直线。这条直线必须使残差变得最小，从而使回归方程更好地预测因变量。由于残差可能是正值或负值，将残差相加就会发生正负抵消，因此需要引入最小二乘法的概念解决正负抵消的问题。最小二乘法的目的是使观测点和预测点（即同一 x 在实际观测点和回归直线上的 y 值）的距离的平方和（即残差的平方和）达到最小。该平方和通常用 Q 来表示。

$$Q=\sum e^2=\sum(Y-Y')^2=\sum(Y-\beta_0-\beta_1 X)^2 \tag{1-3}$$

由于 Q 是 β_0 和 β_1 的二元函数，要使其最小，需要根据微积分中极值的必要条件分布求 Q 关于 β_0 和 β_1 的偏导数。经过求导，可以得到：

$$By\ \frac{\partial Q}{\partial \beta_0}=0,\ \frac{\partial Q}{\partial \beta_1}=0\quad \begin{aligned}&\Rightarrow \hat{\beta}_1=\frac{\sum(X-\overline{X})(Y-\overline{Y})}{\sum(X-\overline{X})^2}\\&\Rightarrow \hat{\beta}_0=\overline{Y}-\hat{\beta}_1\overline{X}\end{aligned} \tag{1-4}$$

利用 SPSS 软件建立回归模型非常方便。具体步骤是：首先，在工具栏处点击“分析（Analyze）”，选择“回归（Regression）”，再选择“线性回归（Linear）”，然后将大学 GPA 选入因变量一栏（Dependent）；其次，将高中 GPA 选入自变量一栏（Independent）；最后，点击“统计（Statistics）”，然后选择“卡方检验（Chi Square）”（图 2）。

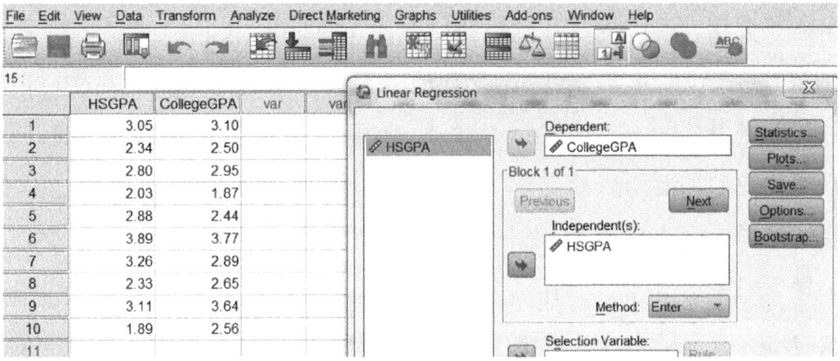

图 2　一元线性回归 SPSS 软件分析过程

经过以上步骤，得到回归系数表如表1所示。回归系数表列出了常数(Constant)及两种回归系数(Coefficient)，同时对回归系数进行了显著性检测。高中GPA的非标准化的回归系数(Unstandardized Coefficients)为0.754，Y标准误差为0.19，标准化的回归系数(Standardized Coefficients)为0.814，回归系数显著性检验t统计量的值为3.962，对应显著性水平Sig. = 0.004<0.05，因此可以认为方程显著。根据结果，可以得到因变量y(大学GPA)与自变量x(高中GPA)之间的回归方程：$\hat{Y}=0.758+0.754x$。这意味着高中GPA每增加一个单位，大学GPA就平均增加0.754个单位。该回归方程可以帮助我们根据学生的高中GPA预测其进入大学后的GPA。

表1　回归系数表

模型	非标准化系数		标准系数	t	Sig.	B的95%置信区间	
	B	标准误差	Beta			下限	上限
常数	0.758	0.536	—	1.412	0.196	−0.479	1.995
高中GPA	0.754	0.190	0.814	3.962	0.004	0.315	1.193

根据样本数据计算出回归方程是回归分析的第一步。在建立回归方程后，还需要判断这个方程是否有意义。检验方程有两种方法：一种是对回归方程进行总体的方差分析，另一种是检验自变量的回归系数B。首先介绍第一种检验方法，即对回归方程进行总体的方差分析。以高中和大学GPA的散点图为例，从图3中可以看到，任意一点y与y的平均数($\bar{Y}$)沿Y轴的距离均可以分为两个部分：一部分是该点到回归直线的距离，另一部分是直线上对应点$\hat{Y}$到$\bar{Y}$的距离。

下面的公式左边部分为因变量的总变异(Regression Sum of Squares)，即总平方和，记为SST。SST可以分解成两个部分。公式右边的第一项为剩余平方和(Residual Sum of Squares)，即回归误差，它是线性回归方程不能解释的部分，记为SSE。公式右边的第二项是回归平方和(Regression

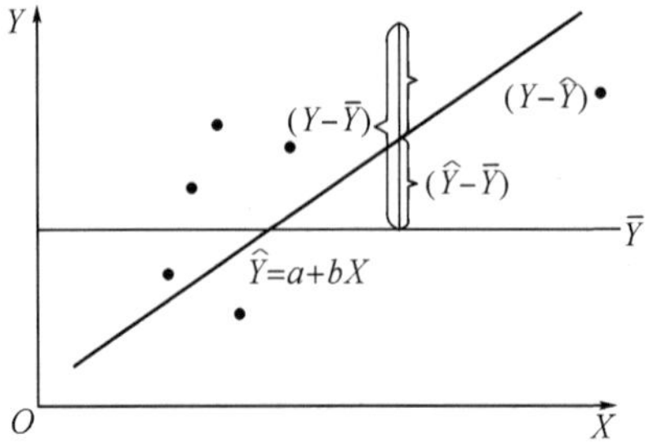

图 3　一元线性回归 y 与 y 的平均数沿 Y 轴的间距图

Sum of Squares)，它是线性回归方程可以解释的部分，记为 SSR。只有当回归平方和显著大于剩余平方和时，这个线性回归方程才有意义。

$$\sum(Y_i-\bar{Y})^2=\sum(Y_i-Y'_i)^2+\sum(Y'_i-\bar{Y})^2 \tag{1-5}$$

另外，分析方差时需要引入自由度的概念。统计学上的自由度是指当以样本的统计量估计回归方程参数时，样本中独立或能自由变化的数据数量。因为我们算总方差时用了均值，这一线性约束损失了一个自由度，因此只有 $n-1$ 个数有信息量，所以自由度为 $n-1$。此外，在回归模型中增加新的自变量时，判定系数只会增大不会减小。因此，我们还需要根据自变量 p 对自由度进行调整。因此在设定回归平方 SSR 时，误差平方和的自由度为 $n-p-1$。计算统计检验量 F 的公式为：

$$\left.\begin{aligned}SSR=\sum(Y'-\bar{Y})^2\Rightarrow MSR=\frac{\sum(Y'-\bar{Y})^2}{p}\\SSE=\sum(Y-Y')^2\Rightarrow MSE=\frac{\sum(Y-Y')^2}{n-p-1}\end{aligned}\right\}\Rightarrow F=\frac{MSR}{MSE} \tag{1-6}$$

$$F=\frac{R^2/p}{(1-R^2)/(n-p-1)} \tag{1-7}$$

前文中用 SPSS 软件分析高中和大学 GPA 数据可得到一元线性回归方

差分析结果，如表 2 所示。

表 2　一元线性回归方差分析

ANOVAa

模型	平方和	自由度	均方	F	Sig.
回归	1.933	1	1.933	15.699	0.004
残差	0.985	8	0.123	—	—
总计	2.918	9	—	—	—

a. 因变量：大学 GPA。
b. 预测值：常数，高中 GPA。

Sig. 值是回归方程的显著性系数。当 Sig. <0.05 时，回归方程具有统计学意义。当 Sig. >0.05 时，回归方程没有统计学意义。根据表 2 可知，回归平方和为 1.933，误差平方和为 0.985，检验量 F 为 15.699，显著性为 0.004，小于 0.05，因此该回归方程的统计学意义十分显著。这说明用自变量高中 GPA 解释因变量大学 GPA 是有意义的，自变量和因变量之间存在线性关系。

另一个检验回归方程的方法是检验自变量的回归系数 b。检验 元线性回归中系数的显著性的公式如下所示。其中，t 值分布的自由度为 $n-p-1$。

$$H_0: \beta_1 = 0 \tag{1-8}$$

$$t_{obs} = \frac{(\hat{\beta}_1 - \beta_1)}{s(\hat{\beta}_1)} \text{ where } s(\hat{\beta}_1) = \sqrt{\frac{MSE}{SSX}} \tag{1-9}$$

参照表 1，自变量高中 GPA 的 t 值是 3.962，显著值为 0.04，小于 0.05。同前文中提到的方程检验的结果一致，即该回归方程是有意义的。将 t 值 (3.962) 平方后得到 15.69，即方程分析中的 F 统计量。也就是说，方差分析和回归系数检验的效果是相同的。因为我们所用的回归模型只有一个自变量，所以模型的检验就相当于自变量系数的检验。因此，在一元回归的检验中，只需要运用上文介绍的两种方法中的一种即可。但是在处理多元回归时，我们就不能仅仅进行方差检验，还需要对多元线性回归中的单独的回归系数进行检验。这是因为方差分析是对整个方程的显著性检验，因此在多元线性回归中，当某个回归系数不显著时，回归方程整体可能仍然显著。为了不忽视隐藏在多元方程中不显著的变量，我们需要对回归方程中的每一个回归系数进行显著性检验。这样才能剔除不显著的自变量，最终建立更简单、更精确的预测因变量的线性回归方程。

测定回归方程对因变量的预测效果需要用到决定系数。决定系数（也称测定系数）是指回归平方和在总平方和中所占的比例。决定系数能够反映因变量 y 的变异中有多少是由自变量 x 的变化引起的。总平方和是回归平方和与误差平方和相加的值，决定系数越大意味着误差平方和越小。测定系数常常用 r^2 来表示。表 3 中，SPSS 软件分析结果中的模型汇总部分的测定系数 r^2 为 0.662，比较接近 1，说明散点比较集中在回归线上，方程的拟合度较好。

表 3　一元回归模型汇总

模型	R	R^2	调整 R^2	标准估计的误差
1	0.814a	0.662	0.620	0.350 89

a. 预测值：常数，HSGPA。

综上所述，一元线性回归反映了因变量与单一自变量间的线性关系。我们首先可以通过散点图对两个变量的线性关系进行直观判断，再运用最小二乘法建立回归模型，并对回归参数进行估计，最后对回归方程的有效性进行检验。然而在现实生活中，一种现象常常是与多个因素相联系的。回归分析中，如果有两个或两个以上的自变量，就称为多元回归。多元回归的应用比一元回归更广泛、更实际。若想最准确地预测因变量，常常需要用多个自变量的最优组合来共同预测。所谓最优组合，主要指回归方程中包含对因变量影响显著的自变量。由于多元线性回归和一元线性回归的基本原理、基本计算过程相同，在介绍多元线性回归时不对重复部分作过多解释。另外，由于自变量数量多时计算相当麻烦，在实际应用时一般要借助统计软件计算，因此我们只介绍多元线性回归的一些基本问题。

2. 多元线性回归

设自变量 $x1$，$x2$，…，xk 和因变量 y 有 n 组观测数据。在这个样本中，第 i 组观测值($i=1$，2，…，n)可表示为($xi1$，$xi2$，…，xik，y)，是 $k+1$ 维空间中的一个点。表 4 展现了 n 组观测数据的矩阵模式。

表 4 多元回归矩阵模式

	$X1$	$X2$	…	Xk	y
1	$X11$	$X21$	…	$Xk1$	$Y1$
2	$X12$	$X22$	…	$Xk2$	$Y2$
…	…	…	…	…	…
N	$X1n$	$X2n$	…	Xkn	Yn

如果因变量 y 同时受到 k 个自变量的共同影响，且这 k 个自变量都与因变量 y 呈线性关系，则 y 与 k 个自变量的 k 元线性关系如下所示：

$$Y=\beta_0+\beta_1X_1+\beta_2X_2+\cdots+\beta_kX_k+e \tag{2-1}$$

在这个模型中，β_0 是截距，β_1，β_2，…，β_k 为回归系数，表示在其他自变量保持不变，X_k 增加或减少一个单位时，因变量 y 平均变化的单位数。受误差影响，e 为随机变量，相互独立，且服从正态分布。在介绍一元线性方程时，我们以自变量高中 GPA 和因变量大学 GPA 之间的简单线性关系为例，如果再加入一个自变量——SAT 数学的成绩，则变成二元线性回归方程。二元线性回归的图形是 $k+1$，即三维空间的一个平面，称为回归平面(regression plane)。图 4 是自变量高中 GPA($X1$)、自变量 SAT 数学成绩($X2$)与因变量大学 GPA(Y)的回归平面。

我们需要找到回归系数 β_0，β_1，β_2，…，β_k 的适宜估计数值 b_0，b_1，b_2，…，b_k，使实际观测值和回归方程预测值之间的残差平方和达到最小。运用最小二乘法，如果有一组样本数据，则可以求出回归系数：

$$b_0=\overline{Y}-(b_1\overline{X}_1+b_2\overline{X}_2+\cdots+b_k\overline{X}_k) \tag{2-2}$$

$$b_k = \frac{\sum (X_k - X'_k)(Y - Y')}{\sum (X_k - X'_k)^2} \tag{2-3}$$

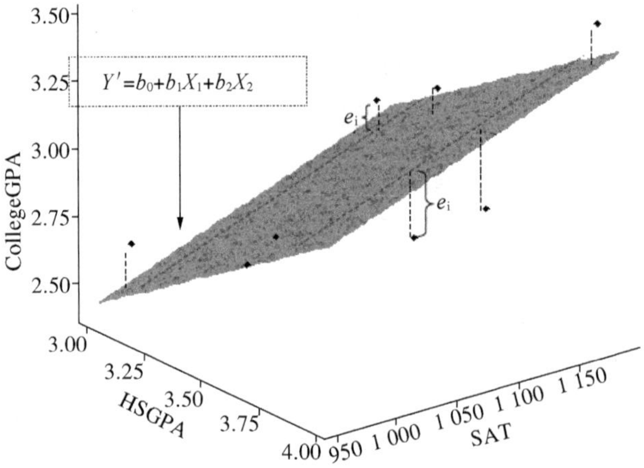

图 4　二元线性回归平面

用 SPSS 软件建立多元线性回归模型的具体步骤是：首先，在工具栏处，点击“Analyze”，选择“Regression”，再选择“Linear”；其次，将大学 GPA 选入因变量(Dependent)一栏，再将“HSGPA”和“SAT_Math”选入自变量(Independent)一栏，如图 5 所示；最后，选择默认的“Enter”普通回归分析，让两个自变量全部进入方程。

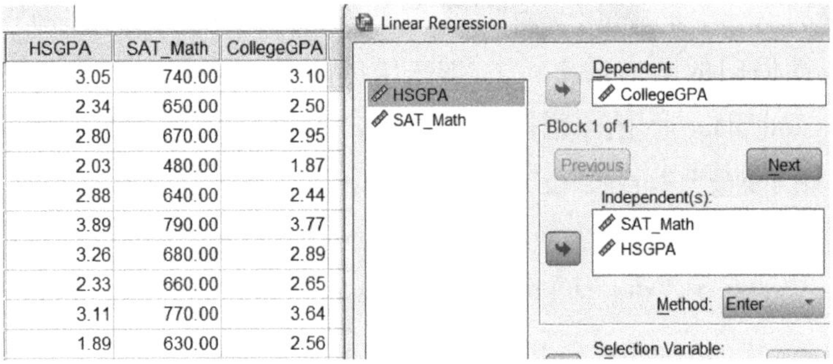

图 5　SPSS 软件多元回归分析

点击“Statistics”后选择各种统计量，如图 6 所示。选择系统默认的“Estimates”以得到回归系数及其标准误差和显著性检验。选择“Model fit”以得到复相关系数，测定系数及方差分析结果。运行 SPSS 软件后得到表 5。

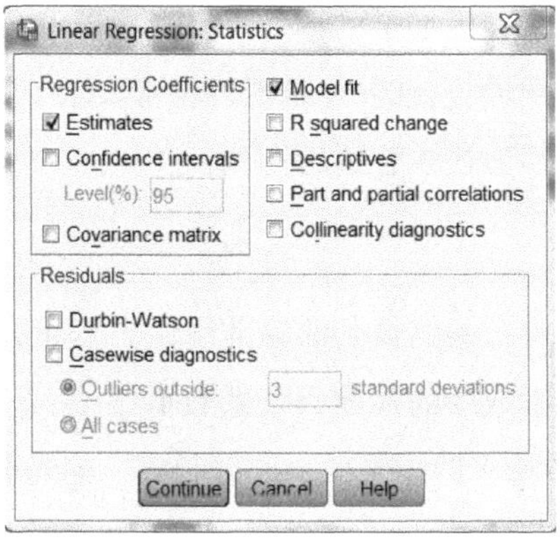

图 6　SPSS 软件多元线性回归统计量选择

由表 5 可知，当高中 GPA($X1$)保持不变时，SAT 数学成绩($X2$)每增加一个单位，大学 GPA(Y)平均增加 0.005 个单位。当 SAT 数学成绩($X2$)保持不变时，高中 GPA($X1$)每增加一个单位，大学 GPA(Y)平均增加 0.158 个单位。需要注意的是，由于各个自变量的单位可能差别很大，因此自变量前系数的大小并不能说明该因素的重要程度。例如，高中 GPA 一般为 0～4，而 SAT 数学成绩为 200～800 分。所以我们需要统一各个自变量的单位。具体来说，我们可以先将所有自变量和因变量都转化为标准分，再进行线性回归，此时得到的回归系数就不再受单位不同的影响，能够反映对应自变量的重要程度。转化为标准分后的回归方程称为标准回归方程，回归系数称为标准回归系数(standardized coefficients)，公式如下：

$$\hat{Z}_y = \beta_1 Z_{x1} + \beta_2 Z_{x2} + \cdots + \beta_k Z_{xk} \tag{2-4}$$

表 5　SPSS 软件多元线性回归分析结果

模型	非标准化系数		标准系数	t	Sig.
	B	标准误差	Beta		
常数项	−1.192	0.491	—	−2.427	0.046
SAT 数学成绩	0.005	0.001	0.820	4.805	0.002
高中 GPA	0.158	0.158	0.170	0.998	0.352

a. 因变量：大学 GPA。

取标准分后，因为各变量都取平均水平，所以因变量也应该取平均水平。因变量的平均水平对应标准分 0，因此，当等式两端的变量都取 0 时，常数项也就为 0，即不再有常数项 β_0。根据 SPSS 软件统计结果，将标准回归系数代入公式后得到：

$$\hat{Z}_y = 0.17 * Z_{x1(\text{HSGPA})} + 0.82 * Z_{x2(\text{SAT\_Math})} \quad (2\text{-}5)$$

根据得到的标准线性方程可知，高中 GPA 的标准回归系数比 SAT 数学成绩的标准回归系数低很多，这说明 SAT 数学成绩比高中 GPA 对大学 GPA 的预测效果要好很多。但是若想确定两个自变量与因变量是否确有回归关系，还需要对回归方程进行检验。同一元回归方程一样，我们可以通过分析方差和自变量的回归系数对多元方程进行检验。对于多元线性回归模型，在对每个回归系数进行显著性检验之前，应该对回归模型的整体做显著性检验，即进行方差分析，检验因变量 y 与所有 k 个自变量之间有无线性回归关系。检验的统计量为 F。因多元回归计算非常复杂，所以常借助统计软件进行。

由表 6 可知，该方程的回归平方和为 2.689，残差平方和为 0.229，总平方和为 2.918，F 统计量的值为 41.072，Sig. <0.001，可以认为所建立的回归方程有效。

表 6　SPSS 软件多元线性回归方差分析

模型		平方和	自由度	均方	F	Sig.
1	回归	2.689	2	1.344	41.072	0.000[b]
	残差	0.229	7	0.033	—	—
	总计	2.918	9	—	—	—

a. 因变量：大学 GPA。
b. 预测值：常数，SAT 数学成绩，高中 GPA。

由表 5 可知，因变量大学 GPA 对自变量 SAT 数学成绩和高中 GPA 的回归的非标准化回归系数为 0.005 和 0.158；对应的显著性检验的 t 值分别为 4.805 和 0.998。SAT 数学成绩的显著性水平为 0.002，小于 0.05，因此可以认为 SAT 数学成绩对因变量大学 GPA 有显著影响。然而高中 GPA

的显著性为 0.352，大于 0.05，对因变量无显著影响，因此可以考虑在回归方程中删除该变量。

最后还应检验模型的预测效果。SPSS 软件分析结果中的多元回归模型汇总表显示，该模型决定系数的平方根为 0.960，确定系数为 0.921，调整后的确定系数为 0.899，标准误差为 0.18（表 7）。因为该模型确定系数接近 1，所以方程的拟合度较好，预测效果也较好。

表 7　SPSS 软件多元回归模型汇总

模型	R	R^2	调整 R^2	标准估计的误差
1	0.960[a]	0.921	0.899	0.180 92

a. 预测值：常量，SAT 数学成绩，高中 GPA。

综上所述，线性回归可以解释院校研究中的很多问题，为决策者提供极有价值的预测性分析结果。然而必须注意的是，应用回归模型做分析研究时需要满足假设。如果不满足各项假设条件，那么得到的回归模型是不成立的，从中得出的结论和分析也会误导决策者，因此一定不能大意地忽略对假设条件的检验。下面列举线性回归需要满足的几种假设条件。

假设一：线性关系。自变量 x 与因变量 y 之间存在线性关系。但是线性关系假设并不意味着因变量与自变量之间存在因果关系，无论变量间的统计关系多么显著，都不能确立因果关系。院校研究人员在解释回归分析结果时，一定要注意措辞。线性假设仅可以描述一种线性预测关系，即能否用线性模型根据已知的自变量预测因变量。因果关系的思想必须来自统计学之外，比如理论。

假设二：随机误差独立于自变量。回归模型中的所有自变量与随机误差（即残差）e 不相关。需要注意的是，有时回归模型中的一个或多个自变量与随机误差具有相关性，这是因为随机误差可能捕捉到了模型中漏掉的重要自变量的方差。在现实生活中，院校研究办公室受其掌握的数据所限，常常不能将理论建议的所有变量纳入回归模型。在这种情况下，回归分析得到的自变量的偏效应（partial effect）有可能无法体现其与回归模型中漏掉的重要自变量的相关性，因而是不正确的，并具有误导性。克服这个问题比较困难，因为这要求必须正确设定回归方程，即包括所有必要的变量。然而院校研究办公室往往只能用学校已有的数据进行分析，某研究课题需要的变量可能并不存在。如果我们知道某个变量的缺失可能会影响数据分析，可以考虑针对该课题进行数据收集。以研究学生能否按时毕业的课题为例，理论中建议的对学生按时毕业有影响的变量，如学生在校期间个人及家庭情况、学生与其他同学及教师的互动情况，在学校已有的数据库中不存在或者数据不全。院校研究办公室可以考虑在学生毕业之际通过发放毕业生调查问卷收集此类信息。

假设三：正态性。随机误差（即残差）e 服从均值为 0（独立性）、方差为 σ^2 的正态分布。对于正态分布，可以考察残差的正态概率图，如果正态概率图呈现一条直线则表示符合正态分布。也可以通过绘制残差分布图检验残差是否符合正态分布。如果残差不满足正态分布的假设，由其得出的显著性和置信区间检验是不正确的。

假设四：等方差。等方差是指对于所有的自变量 x，随机误差（残差 e）的条件方差为 σ^2，且 σ 为常数。检查是否等方差，可以看残差的分布图。以因变量的预测值为 x 轴，以残差为 y 轴作图，如果残差无明显的分布，则表明方差齐性。如果残差有明显的分布趋势，可能存在方差不齐的情况。

假设五：无自相关性。无自相关性的假设是指各随机误差（残差 e）互不相关。产生自相关现象可能有多种原因，如采用了不合适的回归函数，数据处理不当等。自相关现象会对回归参数的估计和检验假设产生影响。自相关性可通过绘制分析残差图检验。

3. 逻辑回归概述

在院校研究课题中，研究学生是否会辍学、转专业、转学、申请某一特定专业的课题十分常见。在这些研究课题中，因变量是代表某种结果或决策的分类变量。研究这类非连续性因变量的统计分析方法中，最常见的是逻辑回归分析（Logistic Regression）。逻辑回归与线性回归有很多相同之处，区分二者的方式是看因变量是否是定性或分类变量。如果因变量是连续的，就是线性回归；如果因变量是定性的，就是逻辑回归。这两种回归同属广义线性模型(Generalized Linear Model)。根据因变量取值类别不同，逻辑回归又可分为二值逻辑回归分析(Binary Logistic Regression)和多值逻辑回归分析(Multinomial Logistic Regression)。在二值逻辑回归中，因变量只能取两个值：1 或 0；在多值逻辑回归中，因变量可以取多个值。本节只讨论院校研究中最常用的二值逻辑回归(以下简称逻辑回归)。

因变量只取 1 或 0 两个值，表示一种决定或结果的两种可能性，但这种非是即否的可能常常受到多种因素的影响。例如，一个学生最终做出转学或离校的决定往往不是受到单一原因的影响(当然受到单一原因的影响的情况也可能存在)。在大多数情况下，学生做出离校的决定会受到其在校经历或家庭生活环境等多方面的影响。但最后的决定只能有两种可能性：离校或继续就读。将 $Y=1$ 定义为离校，$Y=0$ 定义为继续就读，假设样本是 $\{x, y\}$，y 是 0 或 1，表示正类或负类，x 是 m 维的样本特征向量。

通过逻辑回归可以计算出某名学生发生某种情况的概率(用 p 表示)，事件未发生的概率为 $1-p$。p 的值在区间[0，1]内，如某名学生离校的可能性为 0.8(或 80%)，那么他不会离校的可能性就是 0.2(或 20%)。当 p 在 0 到 1 之间变化时，$\theta(p)$ 在 $-\infty$ 到 $+\infty$ 之间变化。而且当 p 接近 0 或 1 时，自变量即使有很大变化，p 值也不可能变化很大，因此不能用上文线性回归中的最小二乘法求解。

于是我们要将 p 进行 $\log it$ 变换，使得 p 接近 0 或 1 时，p 值的变化幅度较大。$\log it(p)$ 是因变量 $Y=1$ 的差异比(odds ratio)：

$$\theta(p)=\log it(p)=\ln\left(\frac{p}{1-p}\right) \tag{3-1}$$

$$P=\frac{\exp(\beta_0+\beta_1X_1+\cdots+\beta_pX_p)}{1+\exp(\beta_0+\beta_1X_1+\cdots+\beta_pX_p)} \tag{3-2}$$

$$1-P=\frac{1}{1+\exp(\beta_0+\beta_1X_1+\cdots+\beta_pX_p)} \tag{3-3}$$

X 与 p 的模型如图 7 中的 S 曲线所示。

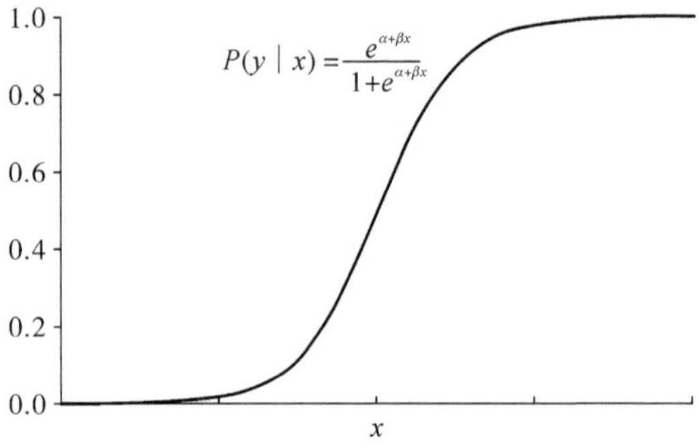

图 7　log it(p)的曲线图

$\theta(p)$ 与 X_i 是线性的关系，可以用线性回归方程表示逻辑回归，得到以下公式：

$$\theta(p)=\ln\left(\frac{p}{1-p}\right)=\beta_0+\beta_1 X_1+\beta_2 X_2+\cdots+\beta_k X_k+\varepsilon \qquad (3\text{-}4)$$

公式中的 β 是模型参数，也就是回归系数。Y 代表某个学生最终是否离校的结果，该因变量与多个自变量有关，如大学入学考试成绩，就读学校是否离家很远，是否来自低收入及教育水平不高的家庭，等等，我们把这些因素表示为 x_1，x_2，…，x_k。衡量该学生最后是否会离校的直接的方式就是把这些因素的得分都加起来，最后得到的和越大，该生越可能离校。这些自变量对因变量的影响力是不同的，如高中考试成绩对是否离校的权值是 0.4，而是否来自外地对离校的权值是 1.2。这些对应 x_1，x_2，…，x_k 的权值叫作回归系数，表达为 β_1，β_2，…，β_k。

在求得模型参数后，要对逻辑回归模型进行检验。常见的检验统计量有对数似然值（log likelihood，LL）、拟合优度（Goodness of Fit）、Cox 和 Snell 的 R^2（Cox & Snell's R-Square）、Nagelkerke 的 R^2（Nagelkerke's R-Square）、伪 R^2（Pseudo-R-square）、Hosmer 和 Lemeshow 的拟合优度检验统计量（Hosmer and Lemeshow's Goodness of Fit Test Statistic）及 Wald 统计量等。

选用逻辑回归模型回答研究问题需要满足以下条件：

(1) 因变量为二分变量或某事件的发生率，也就是说逻辑回归可用于分类或概率预测。

(2) 只有在自变量与 $\log it(p)$ 是线性关系时，才能用逻辑回归。当模型非线性时，就不能使用逻辑回归。

(3) 残差合计为 0，且服从二项分布。

(4) 各观测点间相互独立。

因子分析及其在院校研究中的应用

钟之阳

内容提要　本文主要介绍因子分析在院校研究领域中的应用。首先，阐述因子分析的概念、类型、术语及一些概念，介绍如何判断在什么条件下可以使用因子分析。其次，初步说明利用统计软件 SPSS 实现因子分析的操作。最后，通过本科生学习情况调查的案例，具体介绍因子分析在院校研究中的应用。

关键词　因子分析　主成分分析　学习情况调查

1. 引言

在各领域的科学研究中，学者往往需要对反映事物的多个变量进行大量观测，收集大量的数据并寻找规律。多变量的大样本虽然能够为科学研究提供大量的有效信息，但是在一定程度上增加了数据采集的工作量，增加了研究的时间成本和人力资源成本。更重要的是，在大多数情况下，许多变量之间可能存在相关性，从而增加了问题分析的复杂性。因子分析方法正是解决上述问题的一种有效的方法。因子分析于 1904 年由 C. E. 斯皮尔曼(C. E. Spearman)首次提出，而后在教育学、心理学等学科的研究中逐步发展起来，主要用于研究智力测试的多元统计问题。该方法能够压缩信息、降低变量的维度、简化变量的结构，目前被广泛运用于经济学、社会学、管理学、人口学、物理学等学科领域。

2. 因子分析的定义

因子分析是一种用少数集成后互不相关的因子变量去解释大量的统计变量的统计方法，能够以较少的因子变量和最小的信息损失来解释变量之间的结构。它利用各变量间存在一定的相关关系，用较少的综合指标分别综合存在于各变量中的各类信息，而综合指标彼此不相关，即各指标代表的信息不重叠。代表各类信息的综合指标称为因子变量或公因子。因子分析是将变量按照原始数据的内在结构分类，将相关程度较高的变量归为一类，不同类的变量的相关程度较低。

因子分析的特点主要有以下四点：第一，因子变量的数量远少于原有的变量数量。第二，因子变量是对原始变量的重新组构，能够反映众多原始变量的绝大部分信息，不是对原始变量的简单取舍。第三，因子变量之间没有线性相关关系，对于因子变量的分析能够避开原始变量的共线性问题。第四，因子变量具有命名解释性，它是某些原始变量的总和，反映了这些原始变量的大部分信息。因此研究者可以根据专业知识和因子变量所反映的独特含义赋予因子名称。

3. 因子分析的应用

因子分析的主要应用包括两方面：第一，寻求基本结构，简化观测系统，将具有错综复杂关系的变量综合为少数几个因子，以再现因子与原始变量之间的内在联系。第二，用于分类，对于 p 个变量或者 n 个指标进行分类，将多个具体指标归纳成可以辨别的几大类。

3.1 因子分析的数学模型

因子分析的基本思路是通过分析变量间的相关系数矩阵的内部结构，

将原变量进行重新组合，利用数学工具将众多的原变量组成少数的独立的新变量，这种新变量称为因子。因子分析就是找出这些影响系统较少的相互独立的因子，用较少的具有代表性的因子来概括多变量所提供的信息，找出影响观测数据的主要因素，反映变量间的内在关系。因子模型描述如下：

设 $\boldsymbol{X}=(X_1, X_2, X_3, \cdots, X_p)^{\mathrm{T}}$ 是可观测的向量，$E(X)=0$，$D(X)=(r_{ij})_{p\times p}$，$\boldsymbol{F}=(F_1, F_2, F_3, \cdots, F_m)^{\mathrm{T}}(m<p)$ 是不可观测的公共因子向量，$E(F)=0$，$D(F)=I_{m\times m}$（即 F 的各分量方差为 1，且互不相关），又 $\boldsymbol{\varepsilon}=(\varepsilon_1, \varepsilon_2, \varepsilon_3, \cdots, \varepsilon_p)^{\mathrm{T}}$ 与 F 相互独立，$E(\varepsilon)=0$，$D(\varepsilon)=\mathrm{diag}(\xi_1^2, \xi_2^2, \xi_3^2, \cdots, \xi_p^2)^{\mathrm{T}}$，以上假设表明，可测向量 $\boldsymbol{X}$ 与不可测向量 $\boldsymbol{F}$ 都是经过标准化处理的。

那么，因子分析模型可以构造成：

$$\begin{cases} X_1=a_{11}F_1+a_{12}F_1+\cdots+a_{1m}F_m+\varepsilon_1 \\ X_2=a_{21}F_1+a_{22}F_1+\cdots+a_{2m}F_m+\varepsilon_2 \\ \cdots \\ X_p=a_{p1}F_1+a_{p2}F_1+\cdots+a_{pm}F_m+\varepsilon_p \end{cases} \tag{1-1}$$

式(1-1)即为因子模型，其矩阵形式为：

$$\boldsymbol{X}=\boldsymbol{AF}+\varepsilon \tag{1-2}$$

其中矩阵：

$$\boldsymbol{A}=\begin{pmatrix} a_{11} & a_{12} & \cdots & a_{1m} \\ a_{21} & a_{22} & \cdots & a_{2m} \\ \cdots & \cdots & & \cdots \\ a_{p1} & a_{p2} & \cdots & a_{pm} \end{pmatrix} \tag{1-3}$$

矩阵(1-3)是待估系数矩阵，称为因子载荷矩阵，系数 a_{11} 称为变量 X_1 在因子 F_1 上的载荷。$F_1, F_2, F_3, \cdots, F_m$ 称为 X 的公共因子，它一般对 $\boldsymbol{X}$ 每一个分量 X_i 的特殊因子起着残差的作用，且只对 X_i 起作用。

在因子模型中，有以下四个关键性的假设：

第一，特殊因子互不相关，且 $D(\varepsilon)=\mathrm{diag}(\xi_1^2,\ \xi_2^2,\ \xi_3^2,\ \cdots,\ \xi_p^2)^{\mathrm{T}}$；

第二，特殊因子与公共因子不相关，即 $\mathrm{Cov}(\varepsilon,\ F)=0$；

第三，$\mathrm{Cov}(F_i,\ F_j)=0,\ i\neq j$；$\mathrm{Var}(F_i)=\mathrm{Cov}(F_i,\ F_j)=1$。$i,\ j=1,\ 2,\ 3,\ \cdots,\ p$，即向量 $\boldsymbol{F}$ 的协方差阵为 m 阶单位阵；

第四，$\mathrm{Cov}(\varepsilon_i,\ \varepsilon_j)=0,\ i\neq j,\ \mathrm{Var}(\varepsilon_i)=\xi^2$。$i,\ j=1,\ 2,\ 3,\ \cdots,\ p$，即向量 $\boldsymbol{\varepsilon}$ 的协方差阵为 P 阶对角阵。

3.2 术语

因子载荷：可以证明，在因子不相关的前提下，因子载荷 a_{ij} 是变量 x_i 与因子 f_i 的相关系数，反映变量 x_i 与因子 f_i 的相关程度。因子载荷 a_{ij} 的绝对值小于等于1，其绝对值越接近1，表明变量 x_i 与因子 f_i 的相关性越强。同时，因子载荷 a_{ij} 的平方也反映出因子 f_i 对解释变量 x_i 的重要作用和程度。

变量共同度：变量共同度(communality)即变量方差，变量 x_i 的共同度 h_i^2 的数学定义为：

$$h_i^2=\sum_{j=1}^{k}a_{ij}^2 \tag{1-4}$$

式(1-4)表明，变量 x_i 的共同度是因子载荷矩阵$\boldsymbol{A}$ 中第 i 行元素的平方和。在变量 x_i 标准化时，由于变量 x_i 的方差可以表示为$h_i^2+\mathrm{c}_i^2-1$，因此原有变量 x_i 的方差可由两个部分解释：第一部分为变量共同度 h_i^2，是全部因子对变量 x_i 方差解释说明的比例，体现了因子对变量 x_i 的解释贡献程度。变量共同度 h_i^2 接近1，表明因子全体解释说明了变量 x_i 的较大部分方差，如果用因子全体刻画变量 x_i，则变量 x_i 的信息丢失较少。第二部分为特殊因子 ε_i 的平方，反映了变量 x_i 方差中不能由因子全体解释说明的比例，ε_i^2 越小，则说明变量 x_i 的信息丢失越少。因此，变量共同度是衡量因子分析效果的重要指标。

因子方差贡献：因子 f_i 的方差贡献的数学定义为：

$$S_j^2=\sum_{i=1}^{p}a_{ij}^2 \tag{1-5}$$

式(1-5)表明：因子 f_i 的方差贡献是因子载荷矩阵**A**中第j列元素的平方和。因子 f_i 的方差贡献反映了因子 f_i 对原有变量总方差的解释能力。该值越高,说明相应因子的重要性越高。因子的方差贡献和方差贡献率是衡量因子重要性的关键指标。

3.3 因子分析的基本步骤

第一,根据具体问题,判断待分析的若干原始变量是否适合做因子分析,并采用某些检验方法来判断数据是否符合分析要求。

第二,选择提取公因子的方法,并按照一定标准确定所要提取的公因子的数目。

第三,考察公因子的可解释性,并在必要时进行因子旋转,以寻求最佳解释方式。

第四,计算出因子得分等中间指标,从而进一步分析。

4. 因子分析方法在院校研究中的应用

因子分析有两种：一种是探索性因子分析(Exploratory Factor Analysis, EFA),另一种是验证性因子分析(Confirmatory Factor Analysis, CFA)。一般在预试问卷中采用探索性因子分析进行结构效度分析,随机抽取受试者所填答的资料进行统计分析,以建构因子层面,且能用最少的层面解释全部最大的总变异量;一般在项目分析结束后,为了检验量表的构建效度,需要进行验证性因子分析。本节将先演示利用 SPSS 软件进行因子分析的操作步骤,然后再通过实例对探索性因子分析进行讲解。

4.1 利用 SPSS 软件进行因子分析的操作步骤

根据上文所阐述的因子分析的原理及步骤,以 SPSS 22.0 版本为例,演示上述步骤如何在 SPSS 软件中具体操作。

第一步：选择菜单。

分析→降维→因子分析,出现因子分析主对话框(图 1)。

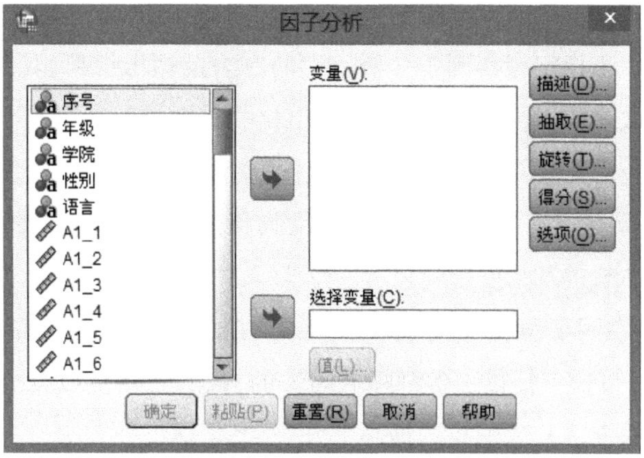

图 1　SPSS 软件因子分析主对话框

第二步，将参与因子分析的变量选入变量框。

第三步，选择参与因子分析的样本。若只选择部分样本进行分析，则从左侧变量列表中选择某一变量作为条件变量，拖动至选择变量框，并点击其下方值按钮输入拟选择的条件变量的变量值，只有满足相应条件的样本才能够参与后续的因子分析。

第四步，在因子分析主对话框中点击描述按钮（图 2）。在统计量(Statistics)框中指定输出哪些基本统计量，其中，单变量描述性表示输出各

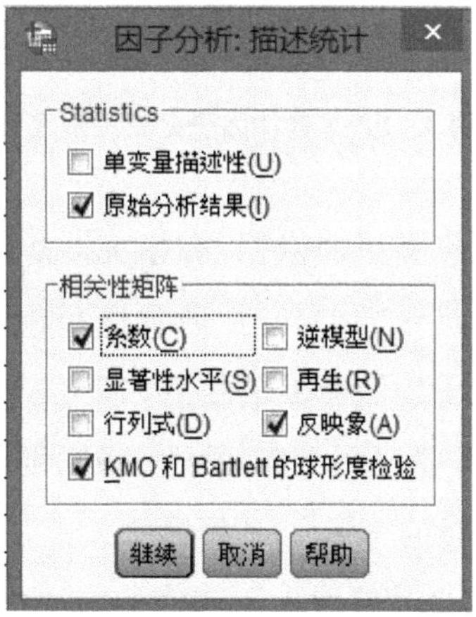

图 2　SPSS 因子分析描述窗口

个变量的基本描述统计量；原始分析结果表示输出因子分析的初始解。相关性矩阵框用于指定考察因子分析条件的方法及输出结果，其中，系数表示输出相关系数矩阵；显著性水平表示输出相关系数检验的概率 p 值；行列式表示输出变量相关系数矩阵的行列式值；逆模型表示输出相关系数矩阵的逆矩阵（与相关系数矩阵的积为单位阵）；反映象表示输出反映象的相关矩阵；KMO 和 Bartlett 的球形度检验表示进行 KMO 检验和巴特利特球度检验。

第五步，在因子分析主对话框中点击抽取按钮，指定提取因子的方法（图 3）。方法按钮下提供了多种提取因子的方法，包括主成分分析法（SPSS 软件中默认的方法）、未加权的最小平方法、综合最小平方法等。

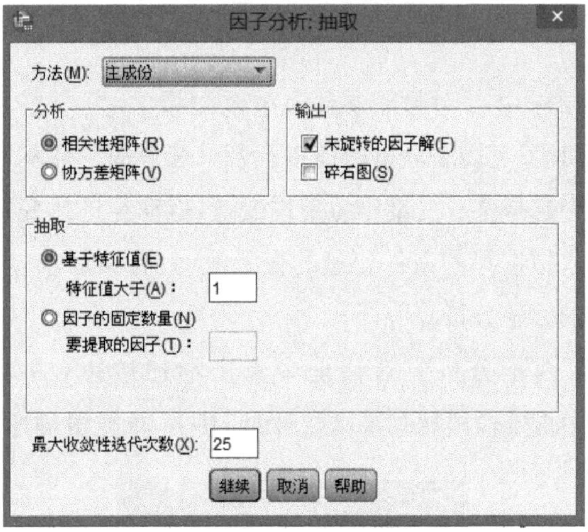

图 3　SPSS 软件因子分析抽取窗口

在分析框中指定提取因子的依据，有相关性矩阵和协方差矩阵两个选项。当原有变量存在数量级的差异时，通常选择相关性矩阵。在输出框中可以选择输出哪些与因子提取有关的信息，其中未旋转的因子解表示输出未旋转的因子载荷矩阵，碎石图可以用于粗略判别提取的因子个数。在抽取框中选择确定因子数量的方法：在“特征值大于”框后输入一个特征值（默认值为 1），SPSS 软件将自动提取大于该值的特征值；也可以在要提取的因子框后输入提取因子的个数。

第六步，在因子分析主对话框中点击旋转按钮(图4)。在方法框中选择因子旋转方法，其中，“无”代表不旋转(默认选项)；最大方差法为方差极大法；此外还有最大四次方值法、最大平衡值法、直接Oblimin方法和最优斜交法(Promax)。在输出框中指定输出与因子旋转相关的信息，其中，旋转解表示输出旋转后的因子载荷矩阵；载荷图表示输出旋转后的因子载荷图。

第七步，在因子分析主对话框中点击因子得分按钮(图5)，选择计算得分的方法。选中保存为变量项，表示将因子得分保存到SPSS变量中。有几个因子便会产生几个SPSS变量，变量名的形式为FACn_m，其中，n是因子编号，以数字序号的形式表示；m表示第几次分析的结果。在方法框中选择指定计算因子得分的方法，包括回归、Bartlett和Anderson-Rubin。选中显示因子得分系数矩阵表示输出因子得分函数中各因子值系数。

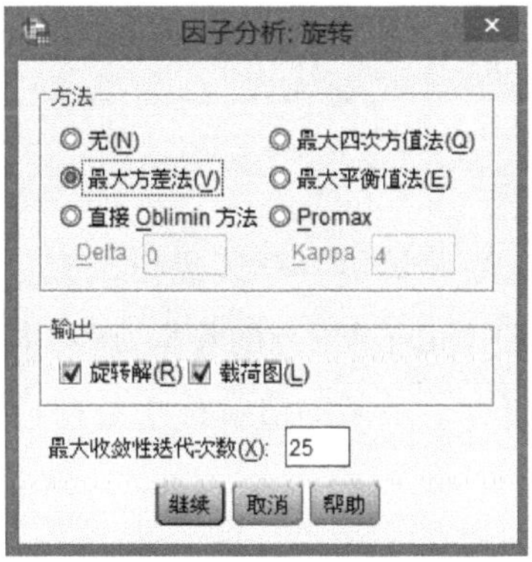

图4　SPSS软件因子分析旋转窗口

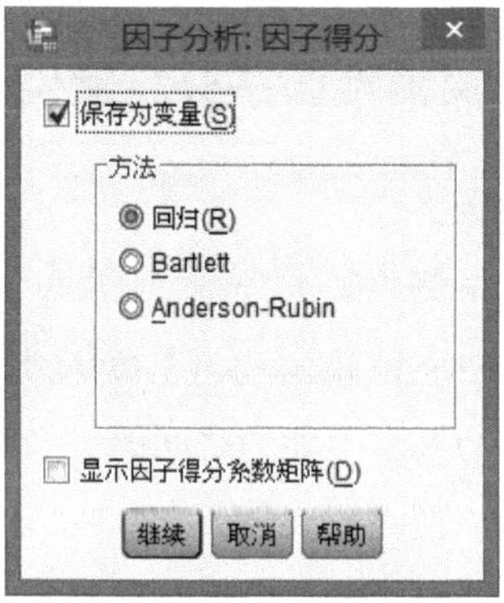

图5　SPSS软件因子分析得分窗口

第八步，在因子分析主对话框中点击选项按钮(图6)，选择缺失值处理和因子载荷矩阵的输出方法。在缺失值框中指定如何处理缺失值。在系数显示格式框中指定因子载荷矩阵的输出方式，其中，按大小排序表示以第一因子得分的降序输出因子载荷矩阵；在绝对值如下框中输入的数值表示只输出因子载荷矩阵中绝对值大于该值的因子载荷。

至此完成了因子分析的全部操作，SPSS软件将依据客户的要求自动进行因子分析，并将结果输出到查看器窗口或将因子得分保存到数据编辑器窗口。

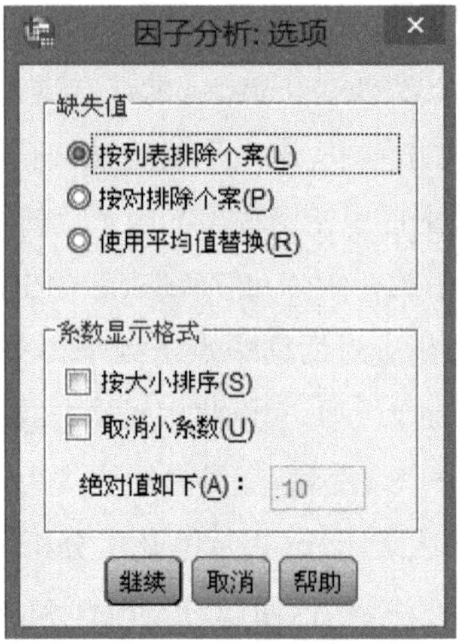

图 6　SPSS 软件因子分析选项窗口

4.2　探索性因子分析案例

案例 1

本案例收集了 2016 年某大学研究型大学学生就读经历调查(Student Experience in Research University, SERU)问卷调查的数据,现对本科生的学习参与和学习能力之间的关系进行研究。采用均值替代法处理数据中存在的缺失值。

因子分析的目的就是建立一个模型,用不可测的、所有原始变量共有的因子变量和某些原始变量所特有的特殊因子来描述可测的原始变量,进而分析和归纳影响大学生学习投入的因素。在本例中,由于涉及的变量较多,直接进行指标间的比较较为繁琐,因此首先考虑采用因子分析的方法减少变量个数,之后再进行比较和综合评价。

第一步: 考察原有变量是否适合进行因子分析

首先考察收集到的原有变量之间是否存在一定的线性关系,是否适合采用因子分析提取因子。这里借助变量的相关系数矩阵、反映象相关矩阵、KMO 检验和巴特利特球度检验方法进行分析。具体操作如图 1 和图 2 所示。分析结果如表 1、表 2 所示。

表 1　原有变量的相关系数矩阵

	A1_1	A1_2	A1_3	A1_4	A1_5	A1_6	A1_7	A2_1	A2_2	A2_3	A2_4	A2_5	A3_1	A3_2	A3_3	A3_4	A3_5	A3_6	A3_7	A3_8	A3_9	A4_1
A1_1	1.000	0.598	0.560	0.375	0.235	0.464	0.480	0.303	0.326	0.411	0.609	0.325	-0.096	-0.062	-0.224	-0.141	0.220	0.190	0.315	0.354	0.333	0.270
A1_2	0.598	1.000	0.581	0.411	0.294	0.415	0.399	0.319	0.315	0.405	0.467	0.320	-0.100	-0.063	-0.175	-0.110	0.259	0.214	0.329	0.323	0.327	0.266
A1_3	0.560	0.581	1.000	0.559	0.354	0.398	0.483	0.405	0.328	0.498	0.549	0.383	-0.066	-0.098	-0.282	-0.129	0.190	0.198	0.340	0.269	0.367	0.305
A1_4	0.375	0.411	0.559	1.000	0.428	0.298	0.352	0.356	0.266	0.389	0.364	0.348	-0.068	-0.074	-0.239	-0.128	0.243	0.214	0.269	0.221	0.350	0.289
A1_5	0.235	0.294	0.354	0.428	1.000	0.235	0.233	0.260	0.191	0.304	0.271	0.268	0.009	-0.015	-0.116	-0.034	0.220	0.172	0.216	0.185	0.233	0.178
A1_6	0.464	0.415	0.398	0.298	0.235	1.000	0.478	0.273	0.283	0.325	0.447	0.307	-0.077	-0.013	-0.117	-0.084	0.242	0.218	0.272	0.393	0.321	0.211
A1_7	0.480	0.399	0.483	0.352	0.233	0.478	1.000	0.350	0.426	0.462	0.587	0.372	-0.033	-0.053	-0.200	-0.087	0.220	0.205	0.377	0.308	0.332	0.263
A2_1	0.303	0.319	0.405	0.356	0.260	0.273	0.350	1.000	0.439	0.487	0.314	0.443	-0.011	-0.054	-0.153	-0.067	0.146	0.189	0.361	0.235	0.309	0.229
A2_2	0.326	0.315	0.328	0.266	0.191	0.283	0.426	0.439	1.000	0.627	0.422	0.320	-0.058	-0.065	-0.152	-0.108	0.214	0.308	0.496	0.303	0.327	0.210
A2_3	0.411	0.405	0.498	0.389	0.304	0.325	0.462	0.437	0.627	1.000	0.539	0.410	-0.051	-0.078	-0.228	-0.135	0.228	0.260	0.520	0.312	0.397	0.265
A2_4	0.609	0.467	0.549	0.364	0.271	0.447	0.587	0.314	0.422	0.539	1.000	0.379	-0.074	-0.062	-0.257	-0.127	0.250	0.209	0.369	0.347	0.362	0.274
A2_5	0.325	0.320	0.383	0.348	0.268	0.307	0.372	0.443	0.320	0.410	0.379	1.000	0.030	-0.011	-0.147	-0.054	0.178	0.182	0.296	0.245	0.293	0.188
A3_1	-0.096	-0.100	-0.066	-0.068	0.009	-0.077	-0.033	-0.011	-0.058	-0.051	-0.074	0.030	1.000	0.478	0.331	0.534	-0.056	-0.103	-0.066	-0.048	-0.051	-0.218
A3_2	-0.062	-0.063	-0.098	-0.074	-0.015	-0.013	-0.053	-0.054	-0.065	-0.078	-0.062	-0.011	0.478	1.000	0.470	0.366	0.071	-0.062	-0.034	0.017	-0.032	-0.298
A3_3	-0.224	-0.175	-0.282	-0.239	-0.116	-0.117	-0.200	-0.153	-0.152	-0.228	-0.257	-0.147	0.331	0.470	1.000	0.403	0.008	-0.086	-0.155	-0.064	-0.161	-0.302
A3_4	-0.141	-0.110	-0.129	-0.128	-0.034	-0.084	-0.087	-0.067	-0.108	-0.135	-0.127	-0.054	0.534	0.366	0.403	1.000	-0.066	-0.133	-0.108	-0.059	-0.107	-0.255
A3_5	0.220	0.259	0.190	0.243	0.220	0.242	0.220	0.146	0.214	0.228	0.250	0.178	-0.056	0.071	0.008	-0.066	1.000	0.362	0.356	0.320	0.349	0.158
A3_6	0.190	0.214	0.198	0.214	0.172	0.218	0.205	0.189	0.308	0.260	0.209	0.182	-0.103	-0.062	-0.086	-0.133	0.362	1.000	0.484	0.326	0.327	0.209
A3_7	0.315	0.329	0.340	0.269	0.216	0.272	0.377	0.361	0.496	0.520	0.369	0.296	-0.066	-0.034	-0.155	-0.108	0.356	0.484	1.000	0.393	0.422	0.248
A3_8	0.354	0.323	0.269	0.221	0.185	0.393	0.308	0.235	0.303	0.312	0.347	0.245	-0.048	0.017	-0.064	-0.059	0.320	0.326	0.393	1.000	0.535	0.163
A3_9	0.333	0.327	0.367	0.350	0.233	0.321	0.332	0.309	0.327	0.397	0.362	0.293	-0.051	-0.032	-0.161	-0.107	0.349	0.327	0.422	0.535	1.000	0.263
A4_1	0.270	0.266	0.305	0.289	0.178	0.211	0.263	0.229	0.210	0.265	0.274	0.188	-0.218	-0.298	-0.302	-0.255	0.158	0.209	0.248	0.163	0.263	1.000

表 2　KMO 检验和巴特利特球度检验

KMO 取样适切性量数	—	0.907
巴特利特球度检验	上次读取的卡方	14 472.245
—	自由度	231
—	显著性	0.000

表 1 是原有变量的相关系数矩阵。从表 1 中可以看出，大部分相关系数的数值比较大，各变量间的线性关系较强，能够从中提取公共因子，适合进行因子分析。由表 2 可知，巴特利特球度检验统计量的观测值为 14 472.245，相应的概率 p 值接近 0。当显著性水平 α 为 0.05 时，由于概率 p 值小于显著性水平，则应拒绝原假设，认为相关系数矩阵与原单位矩阵有显著差异。同时，KMO 值为 0.907，根据 Kaiser 给出的 KMO 度量标准可知，原有变量适合进行因子分析。

第二步：提取因子

首先进行尝试性分析：根据原有变量的相关系数矩阵，采用主成分分析法提取因子并选取大于 1 的特征值。具体操作如图 3 所示，并在图 2 所示的窗口中指定输出因子分析的初始解，分析结果如表 3 所示。

表 3　因子分析中的变量共同度(一)

公因子方差

	初始值	提取
A1_1	1.000	0.689
A1_2	1.000	0.560
A1_3	1.000	0.662
A1_4	1.000	0.655
A1_5	1.000	0.625
A1_6	1.000	0.532
A1_7	1.000	0.590
A2_1	1.000	0.549
A2_2	1.000	0.691

（续表）

	初始值	提取
A2_3	1.000	0.687
A2_4	1.000	0.645
A2_5	1.000	0.409
A3_1	1.000	0.616
A3_2	1.000	0.604
A3_3	1.000	0.549
A3_4	1.000	0.562
A3_5	1.000	0.554
A3_6	1.000	0.574
A3_7	1.000	0.639
A3_8	1.000	0.590
A3_9	1.000	0.517
A4	1.000	0.376

提取方法：主成分分析。

表 3 展示了所有的变量共同度。表 3 中第一列数据是因子分析初始解下的变量共同度，它表明：如果采用主成分分析方法在原有的 22 个变量中提取 22 个因子，那么所有变量的所有方差都可被解释，变量的共同度均为 1。事实上，因子数量少于原有变量的数量才是因子分析的目标，所以不可全部提取。第二列数据是按指定提取条件(这里是特征值大于 1)提取因子时的变量共同度。可以看出，绝大部分信息都可被因子解释，这些变量的信息丢失较少。但是 A2_5 和 A4 两个变量的信息丢失情况较为严重(近 60%)。因此，本次因子提取的总体效果并不理想。

故需要重新指定提取标准，本案例中指定提取 6 个因子。分析结果如表 4、表 5 所示。

表 4 是指定提取 6 个因子时的变量共同度。由第二列数据可知，此时所有的变量共同度都比较高，各个变量丢失的信息都较少。因此，此次因子提取的总体效果比较理想。

表5中，第一列是因子编号，以后每三列组成一组，每组中数据项的含义依次是特征值（方差贡献）、方差贡献率和累计方差贡献率。

表4　因子分析中的变量共同度（二）

公因子方差

	初始值	提取
A1_1	1.000	0.709
A1_2	1.000	0.614
A1_3	1.000	0.677
A1_4	1.000	0.657
A1_5	1.000	0.625
A1_6	1.000	0.551
A1_7	1.000	0.591
A2_1	1.000	0.582
A2_2	1.000	0.704
A2_3	1.000	0.698
A2_4	1.000	0.654
A2_5	1.000	0.467
A3_1	1.000	0.642
A3_2	1.000	0.637
A3_3	1.000	0.566
A3_4	1.000	0.582
A3_5	1.000	0.612
A3_6	1.000	0.616
A3_7	1.000	0.669
A3_8	1.000	0.750
A3_9	1.000	0.660
A4	1.000	0.430

提取方法：主成分分析。

表 5　因子分析中的变量共同度(三)

总方差解释

组件	初始特征值			提取载荷平方和			旋转载荷平方和		
	总计	方差百分比	累积百分比	总计	方差百分比	累积百分比	总计	方差百分比	累积百分比
1	6.869	31.222%	31.222%	6.869	31.222%	31.222%	3.366	15.301%	15.301%
2	2.246	10.207%	41.429%	2.246	10.207%	41.429%	2.715	12.340%	27.641%
3	1.433	6.512%	47.941%	1.433	6.512%	47.941%	2.502	11.374%	39.015%
4	1.236	5.617%	53.558%	1.236	5.617%	53.558%	1.851	8.416%	47.430%
5	1.092	4.965%	58.523%	1.092	4.965%	58.523%	1.681	7.643%	55.073%
6	0.818	3.718%	62.241%	0.818	3.718%	62.241%	1.577	7.168%	62.241%
7	0.764	3.473%	65.714%	—	—	—	—	—	—
8	0.719	3.266%	68.981%	—	—	—	—	—	—
9	0.703	3.194%	72.175%	—	—	—	—	—	—
10	0.660	3.002%	75.177%	—	—	—	—	—	—
11	0.654	2.971%	78.147%	—	—	—	—	—	—
12	0.593	2.698%	80.845%	—			—	—	—
13	0.567	2.576%	83.421%	—	—	—	—	—	—
14	0.511	2.322%	85.743%	—	—	—	—	—	—
15	0.470	2.137%	87.880%	—	—	—	—	—	—
16	0.454	2.064%	89.944%	—	—	—	—	—	—
17	0.435	1.976%	91.920%	—	—	—	—	—	—
18	0.401	1.821%	93.741%	—	—	—	—	—	—
19	0.394	1.793%	95.534%	—	—	—	—	—	—
20	0.369	1.676%	97.209%	—	—	—	—	—	—
21	0.321	1.459%	98.668%	—	—	—	—	—	—
22	0.293	1.332%	100.000%	—	—	—	—	—	—

提取方法：主成分分析。

表 5 中，第一组数据项(第二列至第四列)描述了因子分析初始解的情况。可以看到：第 1 个因子的方差贡献为 6.869，解释原有 22 个变量总方差的约 31.2%(即 6.869÷22×100%)，累计方差贡献率约为 31.2%；第 2 个因子的方差贡献为 2.246，解释原有 22 个变量总方差的约 10.2%(即 2.25÷22×100%)，累计方差贡献率约为 41.4%[即(6.87+2.25)÷22×100%]。其余数据含义类似。在初始解中，由于提取了 22 个因子，原有变量的总方差均被解释，累计方差贡献率为 100%。表 4 的第二列也说明了这一点。

第二组数据项(第五列至第七列)描述了因子解的情况。可以看到：由于指定提取 6 个因子，6 个因子共解释了原有变量总方差的约 62.2%。总体上，原有变量的信息丢失较少，因子分析效果较理想。

第三组数据项(第八列至第十列)描述了最终因子解的情况。可以看到因子旋转后，总累计方差贡献率没有变化，也就是没有影响原有变量的共同度，但是却分配了各个因子解释原有变量的方差，改变了各因子的方差贡献，使因子更易于解释。

在图 7 中，横坐标为因子编号，纵坐标为特征值。可以看到：第 1 个因子的特征值(方差贡献)很高，对解释原有变量的贡献最大；第 7 个及以后的

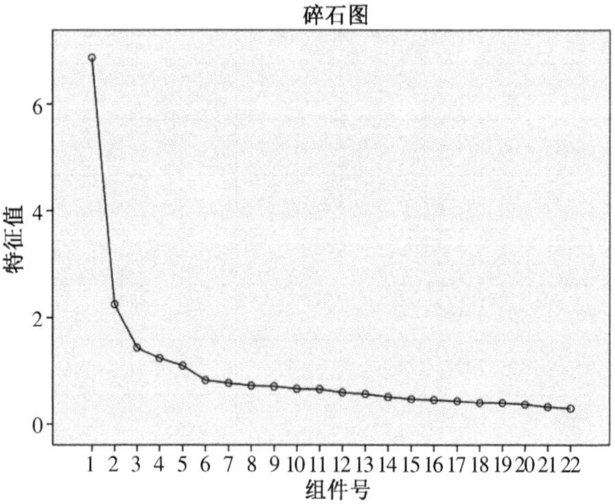

图 7　因子分析碎石图

因子特征值都较小，对解释原有变量的贡献很小，已经成为可以忽略的“高山脚下的小碎石”，因此提取 6 个因子是合适的。

表 6 展示了因子载荷矩阵，是因子分析的核心计算结果。根据该表可以写出本案例的因子分析模型：

$$A1\_1 = 0.683f_1 + 0.034f_2 - 0.295f_3 + 0.306f_4 - 0.2f_5 - 0.142f_6$$

$$A1\_2 = 0.668f_1 + 0.072f_2 - 0.22f_3 + 0.245f_4 + 0.025f_5 - 0.233f_6$$

$$A1\_3 = 0.732f_1 + 0.018f_2 - 0.333f_3 + 0.028f_4 + 0.114f_5 - 0.125f_6$$

$$A1\_4 = 0.613f_1 + 0.017f_2 - 0.231f_3 - 0.03f_4 + 0.475f_5 - 0.04f_6$$

……

$$A4 = 0.479f_1 - 0.335f_2 - 0.005f_3 - 0.034f_4 + 0.18f_5 + 0.234f_6$$

由表 6 可知，22 个变量在第 1 个因子上的载荷大多都很高，意味着它们与第 1 个因子的相关程度高，第 1 个因子很重要；其他 5 个因子与原有变量的相关性较小，它们对原有变量的解释作用不显著。

表 6　因子载荷矩阵

成分矩阵[a]

	组件					
	1	2	3	4	5	6
A1_1	0.683	0.034	−0.295	0.306	−0.200	−0.142
A1_2	0.668	0.072	−0.220	0.245	0.025	−0.233
A1_3	0.732	0.018	−0.333	0.028	0.114	−0.125
A1_4	0.613	0.017	−0.231	−0.030	0.475	−0.040
A1_5	0.447	0.151	−0.140	−0.054	0.616	0.018
A1_6	0.587	0.116	−0.097	0.348	−0.208	0.139
A1_7	0.681	0.123	−0.192	0.010	−0.273	−0.022
A2_1	0.581	0.112	−0.016	−0.445	0.006	0.182
A2_2	0.612	0.063	0.208	−0.441	−0.274	−0.114
A2_3	0.719	0.058	0.018	−0.383	−0.140	−0.104

（续表）

	组件					
	1	2	3	4	5	6
A2_4	0.721	0.054	−0.231	0.110	−0.239	−0.095
A2_5	0.562	0.155	−0.124	−0.229	0.042	0.241
A3_1	−0.184	0.737	−0.118	−0.153	0.038	0.161
A3_2	−0.189	0.749	−0.004	0.083	0.018	−0.181
A3_3	−0.376	0.617	0.132	0.088	−0.052	−0.128
A3_4	−0.267	0.688	−0.106	−0.080	0.029	0.141
A3_5	0.423	0.166	0.429	0.300	0.269	−0.242
A3_6	0.471	−0.006	0.577	0.005	0.137	−0.205
A3_7	0.629	0.089	0.430	−0.215	−0.069	−0.171
A3_8	0.529	0.160	0.359	0.366	−0.150	0.400
A3_9	0.620	0.094	0.286	0.192	0.076	0.378
A4	0.479	−0.335	−0.005	−0.034	0.180	0.234

提取方法：主成分分析。
a. 已提取 6 个成分。

第三步：因子的命名解释

采用方差极大法对因子载荷矩阵实行正交旋转以使因子具有命名解释性。指定按第一个因子载荷降序的顺序输出旋转后的因子载荷，并制作旋转后的因子载荷图，具体操作如图 4 和图 6 所示，分析结果如表 7、表 8 所示。

由表 7 可知，A1_1、A1_2、A1_3、A1_6、A1_7、A2_4 在第 1 个因子上有较高的载荷，第 1 个因子主要解释这 6 个变量，可命名为 A；A2_1、A2_2、A2_3、A2_5、A3_7 在第 2 个因子上有较高的载荷，第 2 个因子主要解释这 5 个变量，可命名为 B；A3_1、A3_2、A3_3、A3_4、A4 在第 3 个因子上有较高的载荷，第 3 个因子主要解释这 5 个变量，可命名为 C；A1_4、A1_5 在第 4 个因子上有较高的载荷，第 4 个因子主要解释这 2 个变量，可命名为 D；A3_5、A3_6、A3_7 在第 5 个因子上有较高的载荷，第 5 个因子主要解释这 3 个变量，可命名为 E；A3_8、A3_9 在第 6 个因子上有较高的载荷，第 6 个因子主要解释这

2 个变量，可命名为 F。与旋转前相比，因子含义更为清晰。

表 7　旋转后的因子载荷矩阵

旋转后的成分矩阵[a]

	组件					
	1	2	3	4	5	6
A1_1	0.804	0.115	−0.113	0.111	0.076	0.135
A2_4	0.715	0.315	−0.104	0.101	0.059	0.140
A1_2	0.686	0.106	−0.073	0.278	0.217	0.049
A1_7	0.628	0.401	−0.032	0.071	0.013	0.173
A1_3	0.620	0.266	−0.138	0.445	0.065	0.023
A1_6	0.599	0.090	−0.030	0.044	0.062	0.421
A2_2	0.221	0.769	−0.083	−0.043	0.229	0.042
A2_3	0.354	0.713	−0.106	0.163	0.160	0.029
A2_1	0.134	0.667	−0.032	0.295	−0.029	0.173
A3_7	0.172	0.577	−0.071	0.042	0.526	0.148
A2_5	0.241	0.469	0.014	0.339	−0.085	0.259
A3_2	0.057	−0.083	0.778	−0.017	0.123	−0.078
A3_1	−0.094	0.098	0.758	0.101	−0.186	0.065
A3_4	−0.116	−0.005	0.729	0.046	−0.181	0.048
A3_3	−0.128	−0.157	0.687	−0.191	0.115	−0.060
A4	0.114	0.191	−0.449	0.329	0.017	0.266
A1_5	0.122	0.100	0.042	0.754	0.160	0.061
A1_4	0.326	0.171	−0.121	0.698	0.132	0.038
A3_5	0.180	−0.022	0.048	0.203	0.704	0.200
A3_6	0.027	0.274	−0.135	0.083	0.696	0.174
A3_8	0.264	0.116	−0.004	−0.036	0.263	0.773
A3_9	0.202	0.218	−0.085	0.226	0.256	0.670

提取方法：主成分分析。
旋转方法：Kaiser 标准化最大方差法。
a. 旋转在 7 次迭代后已收敛。

表 8 显示了 6 个因子的协方差矩阵。可以看出：6 个因子没有线性相关性，实现了因子分析的设计目标。

表 8　因子协方差矩阵

成分得分协方差矩阵

组件	1	2	3	4	5	6
1	1.000	0.000	0.000	0.000	0.000	0.000
2	0.000	1.000	0.000	0.000	0.000	0.000
3	0.000	0.000	1.000	0.000	0.000	0.000
4	0.000	0.000	0.000	1.000	0.000	0.000
5	0.000	0.000	0.000	0.000	1.000	0.000
6	0.000	0.000	0.000	0.000	0.000	1.000

提取方法：主成分分析。
旋转方法：Kaiser 标准化最大方差法。

第四步：计算因子得分

采用回归法估计因子得分系数，并输出因子得分系数。具体操作如图 5 所示，具体输出结果如表 9 所示。因子得分的均值为 0，正值表示高于平均水平，负值表示低于平均水平。根据表 9 可以写出 6 个因子得分函数（这里以 $F1$ 的计算公式为例）：

$F1$ = 0.38A1_1 + 0.295A1_2 + 0.196A1_3 − 0.011A1_4 − 0.122A1_5 + 0.226A1_6 + 0.227A1_7 − 0.156A2_1 − 0.038A2_2 + 0.01A2_3 + 0.29A2_4 − 0.077A2_5 − 0.06A3_1 + 0.111A3_2 + 0.047A3_3 − 0.038A3_4 + 0.008A3_5 − 0.119A3_6 − 0.075A3_7 − 0.032A3_8 − 0.126A3_9 − 0.123A4

表 9　因子得分系数矩阵

成分得分系数矩阵

	组件					
	1	2	3	4	5	6
A1_1	0.380	−0.132	0.006	−0.106	−0.019	−0.070
A1_2	0.295	−0.146	0.024	0.050	0.116	−0.172
A1_3	0.196	−0.034	−0.002	0.181	−0.029	−0.166

（续表）

	组件					
	1	2	3	4	5	6
A1_4	−0.011	−0.081	−0.008	0.455	0.030	−0.107
A1_5	−0.122	−0.093	0.049	0.554	0.063	−0.046
A1_6	0.226	−0.121	0.025	−0.121	−0.092	0.263
A1_7	0.227	0.098	0.038	−0.139	−0.108	−0.006
A2_1	−0.156	0.342	0.023	0.108	−0.175	0.072
A2_2	−0.038	0.414	0.010	−0.203	0.069	−0.140
A2_3	0.010	0.332	0.009	−0.056	0.009	−0.164
A2_4	0.290	0.017	0.011	−0.123	−0.057	−0.061
A2_5	−0.077	0.188	0.041	0.149	−0.220	0.167
A3_1	−0.060	0.113	0.321	0.110	−0.163	0.113
A3_2	0.111	−0.042	0.338	0.001	0.152	−0.118
A3_3	0.047	−0.031	0.282	−0.092	0.161	−0.045
A3_4	−0.038	0.059	0.303	0.085	−0.138	0.112
A3_5	0.008	−0.189	0.053	0.088	0.509	−0.032
A3_6	−0.119	0.045	−0.027	−0.021	0.475	−0.048
A3_7	−0.075	0.241	0.015	−0.116	0.305	−0.088
A3_8	−0.032	−0.086	0.019	−0.140	−0.011	0.625
A3_9	−0.126	−0.037	−0.010	0.069	−0.016	0.520
A4	−0.123	0.007	−0.174	0.192	−0.112	0.205

提取方法：主成分分析。
旋转方法：Kaiser 标准化最大方差法。

5. 结语

本文首先介绍了因子分析方法的基本原理，即根据待分析指标的相关性强弱把原始变量分成几个可识别的大组，使得同组内的变量之间相关性较强，不同组间的变量相关性则较弱。每组变量代表一个基本结构，并用一个不可观测的综合变量来表示，这个综合变量被称为公共因子。随后介绍了因子分析的数学模型及进行因子分析的具体步骤。希望读者能够掌握因子分析的基本步骤，并能够熟练运用 SPSS 软件进行具体操作，最后正确输出结果并作出合理的解释。

参考文献

[1] 吴明隆. 问卷统计分析实务——SPSS 操作与实用[M]. 重庆：重庆大学出版社，2010.

[2] 张屹，周平红. 教育研究中定量数据的统计与分析[M]. 北京：北京大学出版社，2010.

[3] 薛薇. 统计分析与 SPSS 的应用[M]. 北京：中国人民大学出版社，2006.

[4] 李金林，赵中秋. 管理统计学[M]. 北京：清华大学出版社，2006.

路径分析和结构方程模型及其在院校研究中的应用

刘　敏

内容提要　结构方程模型(Structural Equation Modeling, SEM)由于能够测量很多复杂的难以测量的潜变量,在社会和行为学科研究中发挥着日益重要的作用。很多人们熟悉的统计模型都可被视为特殊类型的SEM,如多元回归和方差分析。尽管SEM在北美应用广泛,但中国院校研究学者对它还是不算熟悉。本文深入浅出地将SEM介绍给中国的院校研究学者,他们不需要很强的统计背景就可以理解。本文有助于中国院校研究学者理解SEM的建模过程,以及初步了解统计软件Mplus来实现SEM的分析。

关键词　SEM　建模过程　Mplus

1. 引言

统计方法的发展和计算机技术进步的结合,使得基于经典测量理论发展而来的高级测量统计学科(如项目反应理论和结构方程模型)在社会科学领域的应用日益广泛。时至今日,SEM不仅有了专属的高影响因子期刊《结构方程模型：多学科期刊》(*Structural Equation Modeling*：*A Multidisciplinary Journal*)，各种具备友好界面、容易使用的专门的软件，如 LISREL、Mplus、AMOS 和 EQS，还有了一个讨论这一研究方法及其应用的日益壮大的网络社群 SEMNET①。有兴趣的读者可以将自己在研究或者使用结构方程模型中遇到的问题公布在 SEMNET 上供大家讨论，一般很快就可以获得建设性的建议或解答。早在 1988 年，Arlett Moline 就在《院校研究新方向》(*New Directions for Institutional Research*)这一期刊中指出，路径分析(path analysis)和结构方程模型会成为院校研究学者的有用的研究工具。在 Howard、Malaughlin 和 Knight 于 2012 年出版的《院校研究手册》(*The Handbook of Institutional Research*)中，结构方程模型及与其密切相关的因素分析都被列为院校研究中重要的定量分析方法。虽然这个方法已经在北美学界广泛应用，但中国的院校研究学者对其还不是很熟悉。结构方程模型主要包括三个基本模型：路径分析、验证性因素分析(confirmatory factor analysis)和潜变量路径分析(latent variable path analysis，又称完整的结构方程模型)。验证性因素分析又常被视为结构方程模型中的测量模型。由此可见，路径分析和验证性因素分析是结构方程模型的主要基础模型类型。本文用两个具体研究实例说明如何应用 Mplus 软件实现两个主要 SEM(路径分析和结构方程模型)的应用。路径分析往往被认为是结构方程模型的一个特例。

2. SEM 区别于其他回归模型的特点

如果从 Jöreskog 于 1973 年提出用最大似然估计来分析包含潜在变量(Latent variable)的多变量统计模型算起，经过 50 多年的发展，SEM 已经成为当今社会和行为科学研究中最重要的定量统计方法之一。这与 SEM 区别于其他线性回归模型的特性密切相关。以下就 SEM 的特点做一个简单的小结。

---

① SEMNET 全称 The Structural Equation Modeling Discussion Network，详情参见：https://listserv.ua.edu/cgi-bin/wa? INDEX。

(1) SEM 可以很灵活地定义多变量之间的关系。在一般的线性模型中，如方差分析（ANOVA）和回归分析（Regression Analysis）中，变量之间关系的设定有局限性，一个变量要么是自变量，要么是因变量，不能同时既是自变量又是因变量。图 1 是 SEM 的路径图（path diagram），以图形表达了一个研究学生学业表现的统计模型，在 SEM 分析中应用普遍。图中包括四个变量，社会经济地位（SES）、智商（IQ）、成就动机（nACH）和学业表现（GPA）。图中的单箭头线条代表直接效应（direct effect），双箭头线条代表相关性。研究者们认为社会经济地位和智商都对学生的学业表现有直接影响，而且这两个自变量都因成就动机的中介作用间接影响学业表现。这里成就动机既是社会经济地位和智商的因变量，又是学业表现的自变量。由此可见，SEM 中多变量之间的关系可以灵活地同时被估计。

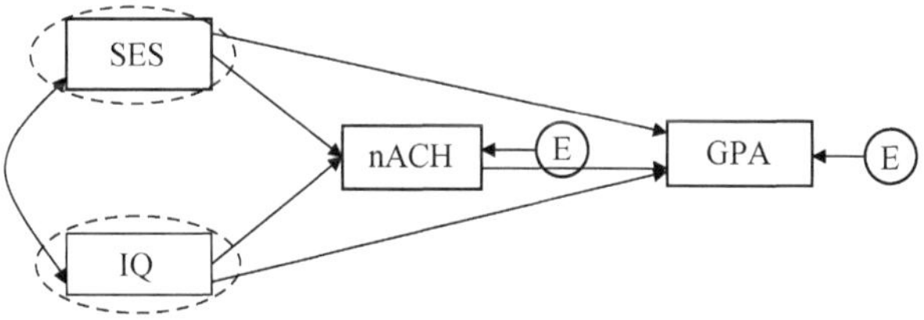

图 1　研究学业表现的模型

(2) SEM 可以应用于抽象的理论概念（construct）及这些抽象的概念之间关系的研究。在 SEM 中，变量可分为两大类，一类是观察变量（observed variable），也称外显变量（manifest variable）或测量变量（measured variable）。图 1 中的四个变量就是测量变量，通常用正方形或者长方形表示。这类可以直接获得数据的变量构成了研究者收集的数据。另一类变量是潜在变量（latent variable）。一般我们不能直接得到量化的抽象概念，而是基于对这个抽象概念的理解，赋予其一个可操作化的定义，通过测量这个定义的不同方面或者特性来得到数据。数据中每个测量变量往往代表了抽象的潜变量的某个特性，这些测量变量之间往往有较强的共变关系，因为它们受同一个抽象概念的影响。对于这些变量的共性进行估计，可以得到一个反映这个潜在概念的强度的数据，这就是潜在变量。而这些用来测量潜变量的测量变量也成为潜变量的指标(indicators)。例如,一般来说,智商和社会经济地位没有单一的测量变量,研究者往往用各种推理和记忆能力来测量智商,用家庭收入、职业、受教育程度来测量社会经济地位。如图1所示,潜变量一般用圆形或者椭圆形来表示,一般是实线,这里用虚线以区别于测量变量。指向两个因变量的圆形代表实际值和估计值间的误差(Error)。在SEM中,潜在变量的概念和可操作化的定义都基于理论的支持,潜变量之间及潜变量与测量变量之间的关系在收集数据之前就已经事先假设好了。收集数据后,对比假设模型与观测到的数据之间的差异决定理论指导的假设是否合适。也有研究学者以理论模型为初始模型,与实际数据比较后进行修正从而得到更好的模型,但这样的研究不是SEM专家所提倡的,因为完全依赖数据而忽略理论支持的修正,往往缺乏说服力。

(3) 引进了潜变量的概念,使得SEM能够在分析变量之间关系的同时更加灵活地考虑测量误差,从而评估测量的信度和效度。很多社会学和行为科学里的变量,如智力,都是不容易界定和测量的概念,而一般的线性模型中的变量在分析过程中都被视为没有测量误差的可观测数据,这显然是与事实不符的。在整合和评估测量误差方面,SEM比一般的线性模型有优势。

(4) 除了考量个体的参数,SEM发展出了多重统计指标帮助研究者评估整体模型质量优劣,从而对模型是否适用于样本数据下结论。这样SEM使用者可以从不同的角度分析,避免了一般线性模型中依赖单一统计指标的局限。

(5) SEM区别于一般线性模型的另一个特点是估计模型中参数的目的不同。一般线性模型,如多元回归,通常用普通最小二乘法(ordinary least squares)找到最佳参数估计,使得实际收集的数据和通过回归模型预测的数据之间的距离最小,这里的数据指的是每个实验对象在各个变量上的观测值。而SEM中对最佳参数的估计,往往通过最大似然估计(maximum likelihood estimation)的方法,使得实际观测到的变量之间的方差和协方差与通过模型预测的方差和协方差间的差别最小。

(6) SEM可以应用于不同模型的整体比较分析。同一组变量,因为指导理论不同,变量之间的假设关系也不同。SEM可以从统计的角度对比这些不同模型，从而找到最佳的适应数据的模型。通过比较模型间是否存在嵌套关系，SEM 采用相应的统计指数判断哪个模型更优。详情读者可参阅《结构方程模型手册》第 13 章结构方程模型中的模型拟合和模型选择。

(7) SEM 主要用协方差研究变量间的关系，但同时也可以估计比较平均数。众所周知，在一般的线性模型中，回归分析适用于研究多个自变量和一个因变量之间的关系，例如用智商和社会经济地位预测学业表现，而 t 检验和方差分析适用于平均数的检验，如比较男生和女生的数学成绩。SEM 可以二者同时进行，如果模型中引进了潜变量，SEM 还可以估计潜变量的平均数。详情读者可参阅《结构方程模型手册》第 24 章中介绍如何理解并应用 SEM 来分析平均数的内容。

另外，与一般的线性模型比，SEM 对样本数的要求更高。为了得到稳定可靠的结果，并应用各种指数，SEM 必须使用较大规模的样本。一般来说，SEM 模型中涉及的变量越多，关系越复杂，对样本量的要求就越高。研究者为了精确决定用以评估复杂模型的最小样本数，可以用数据模拟的方法。详情读者可参阅 Thoemmes、Reiser 和 MacKinnon《使用蒙特卡罗方法进行复杂中介设计的功效分析》("Power for Complex Meditational Designs Using Moate Carlo Methods")，以及 Bandalos 和 Gagné《结构方程模型中的模拟方法》("Simulation Methods in Structural Equation Modeling")这两篇介绍数据模拟的文章。

3. SEM 建模过程

我们已知道 SEM 在实际应用中的灵活性和普适性。实际操作中，SEM 的模型分析遵循一定的流程和步骤，如图 2 所示。

首先是模型的界定，这是 SEM 建模的第一步。SEM 的模型是基于理论建立的。如上文所说，SEM 的一个重要特性是理论的先验性。Duncan 认为，SEM 研究可以分为两部分，简单的部分和有难度的部分，简单的部分是数理统计的部分，有难度的部分是根据合理的理论或假设构建一个有因果关系的模型。由此可见，研究者首先要基于对研究问题的调研和理解来建

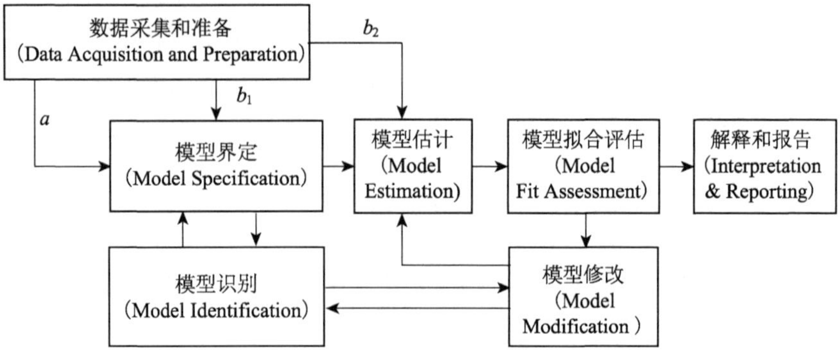

图 2　分析结构方程模型的基本步骤

构 SEM 的理论，在此基础上，才能界定模型，用理论假设转换的技术语言来表达。界定的模型可以用一系列的方程或路径图来表达。路径图的发展使得界定模型的表达更加形象化，如图 1 所示。

模型界定可以在数据的采集和预备之前或之后。线条 a 代表数据采集之后进行模型界定，线条 b_1 代表先界定模型再采集数据，线条 b_2 代表对模型作评估。线条 b_1 和 b_2 是更好的途径，因为界定模型对收集数据有指导作用，可以确保所有的有关变量信息都能在数据收集中获得。

在模型界定中有一个关键的技术问题，那就是模型能否被有效识别。模型具备可识别性才能进行下一步——模型的估计。具体来说，模型中的每个参数都能被识别，也即，依据模型和观测数据，每个参数只有一个估计值，这样的模型称为可识别模型。根据识别度区分，模型可被分为三大类：识别不足(underidentified)模型、充分识别(just-identified)模型和过度识别(over-identified)模型。如果未知参数的数量正好与已知方差和协方差矩阵中包含的独特的信息数量(不重复的方差和协方差)相等，那么这个模型就是充分识别模型；如果未知参数的数量多于已知的独特的方差和协方差信息的数量，那么这个模型是识别不足模型；如果未知参数的数量少于已知的独特的方差和协方差信息的数量，那么这个模型是过度识别模型。下面以图 3 中的三个模型为例来说明这三类模型。图 3 中的第一个图代表类似多元回归模型。因为有三个观测变量，我们可以得到 $[p(p+1)]/2=3\times4/2=$

6 个方差和协方差。观察模型，可以发现需要估计的参数包括两个方差 c_1 和 c_2，一个误差方差 c_{E3}，一个协方差 c_{21}，两个路径系数 b_{32} 和 b_{31}，一共 6 个待估计参数。未知参数的数量正好与已知方差和协方差矩阵中信息的数量相等，所以这个模型是充分识别模型。

图 3 中的第二个模型包含两个相互作用的变量，因此一共有 $[p(p+1)]/2=2\times 3/2=3$ 个已知信息。如图所示，待估参数包括两个路径系数 b_{12} 和 b_{21}，以及两个误差方差 c_{E1} 和 c_{E2}，一共 4 个被估计参数。参数数量多于已知信息，所以这是一个识别不足的模型。

图 3 最后一个模型有三个观测变量，我们可以得到 $[p(p+1)]/2=3\times 4/2=6$ 个方差和协方差。模型显示一共有 5 个待估计参数，一个方差 c_1，两个误差方差 c_{E2} 和 c_{E3}，以及两个路径系数 b_{21} 和 b_{32}。根据已知和未知信息的对比，我们可以判断这是一个过度识别模型。

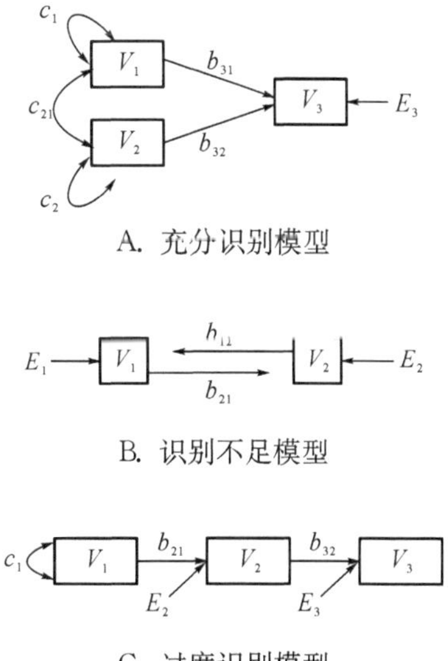

A. 充分识别模型

B. 识别不足模型

C. 过度识别模型

图 3　三类具备不同识别度的模型

从图 2 可见，模型识别与模型修改相关联。在理想情况下，研究者发现所有的参数都可以被识别，可以直接进行下一步的模型估计。但实践中往往并非如此。哪怕有些理论上看起来可以识别的模型，因为参数估计接近零或者参数间密切相关而不能被识别。这种情况只有在研究者试图估计模型之后才能发现。Kenny 和 Milan 就模型识别的问题有专门论述。如果模型不能被识别,那么研究者就需要适当调整修改模型,使其能够被识别,这个过程同样也需要参考理论基础。

在界定模型阶段,研究者还要注意统计功效(statistical power)的问题。即使理论假设很合理,也有可能因为统计功效不足而不能找到支持整个模型或个别参数的结果。各种模型拟合指数的统计功效与多种因素相关,如自由度、样本量和参数间的相关系数。

SEM 建模的第二个步骤是模型估计。一旦模型被界定,SEM 的下一个分析目标就是为每一个自由待估的参数找到一个最佳估计值。而确定最佳值的标准就是使得观测变量的方差、协方差矩阵及根据模型和数据而估计出的方差、协方差矩阵的差别最小化。SEM 中有多种估计方法,如最大似然估计(maximum likelihood estimation)、无加权最小二乘法(unweighted least squares)、一般化最小二乘法(generalized least squares)、加权最小二乘法(weighted least squares)和渐进分布自由估计(asymptotically distribution-free estimators)。其中,最大似然估计的应用最广泛,大多数 SEM 的统计软件都默认应用这个方法来估计参数。最大似然估计方法的应用对数据的特点有一些假设,简单来说,个体数据是独立的、没有标准化的(unstandardized),因变量符合多变量正态分布(multivariate normality),且自变量没有测量误差。读者如果需要进一步了解这些假设要求及其他替代估计方法的应用和差异,可参阅 Kline《结构方程模型的假设检验》(“Assumptions of Structural Equation Modeling”),Lee、Cai 和 MacCallum《结构方程模型检验的功效分析》(“Power Analysis for Tests of Structural Equation Models”),以及 Hancock 和 Liu《引导标准误差和数据模型拟合统计》(“Bootstrapping Standard Errors and Data-model Fit Statistics”)。

SEM 的参数估计完全由计算机运算所得,这一估计往往始于一组参数的起始数据,然后通过一系列多次迭代更新找到最佳估计。只有根据分析软件的优劣和限制,选择合适的分析软件,正确无误地向计算机下达指令,了解每一个警告信息的意义和作用,并作出相应的调整,才能准确完成对模型参数的估计。

SEM 建模的第三个步骤是模型拟合。在模型估计阶段，计算机软件帮助研究者找到最佳参数估计。尽管这组估计值能使得实际的和模型估计的协方差矩阵的差距最小，我们仍然需要去评估这个差距以判断理论模型是否拟合这组数据。怎样评估及作出决定仍然是 SEM 方法学家研究和争论的重要课题。

研究者对整体模型的评估是依据各种拟合指数的计算结果来分析假设模型和实际观察数据的拟合情况。首先要提到的是卡方检验(χ^2 test)，其是由拟合函数转化来的统计指数，反映了 SEM 假设模型的导出矩阵和观察矩阵的差异。其导出式如下：

$$\chi^2 = (N - 1) f_{\min} \tag{3-1}$$

式(3-1)中，N 是样本数，$f_{\min}$ 代表以各种参数估计方法(如最大似然估计或者一般化最小二乘法)所得到的拟合函数的最小估计值。在符合卡方分布的条件下，可以对 T 进行卡方检验。因为零假设认为理论方程协方差矩阵和观察矩阵没有差别，也就是说模型拟合度非常好，用统计语言表达即为，$H_0: \Sigma = \Sigma(\theta)$。当 T 值到达显著水平时，零假设不成立，模型拟合度不好；反之，如果 T 值不显著，模型拟合度好。卡方分布受自由度和样本量的影响。自由度和样本量越大，卡方值越大，就越容易推翻零假设。因此，卡方值不能用来表明理论模型能否符合观察数据，这也是 SEM 使用者放弃卡方而使用其他拟合指数的普遍原因。

除了卡方之外，Mplus 在对一般的 SEM 的分析结果中报告了平方均值估计残差根系数(Root Mean Square Error of Approximation，RMSEA)、CFI 指数(Comparative-Fit Index)、TLI 指数(Tucker-Lewis Index)、标准化残差均方根指数(Standardized Root Mean Square Residual，SRMR)、AIC 指数(Akaike Information Criterion)、BIC 指数(Bayesian Information Criterion)和 SBIC 指数(Sample-Size Adjusted BIC)。这些拟合指数的表达式、相关文献及范围和判断值如表 1 所示。

表 1　Mplus 中报告的 SEM 分析的拟合指数

拟合指数	相关文献	范围	判断值
$RMSEA=\sqrt{\dfrac{\max(\chi^2-df,\ 0)}{df(N-1)}}$	Steiger 和 Lind (1980)	>0	<0.06
$CFI=\sqrt{\dfrac{\max(\chi_0^2-df_0,\ 0)-\max(\chi_k^2-df_k,\ 0)}{\max(\chi_0^2-df_0,\ 0)}}$	Bentler(1990)	0～1	>0.95
$TLI=\dfrac{\chi_0^2/df_0-\chi_k^2/df_k}{\chi_0^2/df_0-1}$	Tucker 和 Lewis(1973)	0～1①	>0.95
$SRMR=[p^{*-1}(\mathbf{e}'\mathbf{W}_s\mathbf{e})]^{1/2}$	Bentler (1995)	>0	<0.08
$AIC=f+2p$	Akaike (1987)	>0	用于模型比较，值越小表示拟合越好
$BIC=f+p\ln(N)$	Schwarz(1978)	>0	用于模型比较，值越小表示拟合越好
$SBIC=f+p\ln\left(\dfrac{N+2}{24}\right)$	Sclove (1987)	>0	用于模型比较，值越小表示拟合越好

来源：West、Taylor 和 Wu。

注解：χ^2，卡方值；df，自由度；N，样本量；χ_0^2，基准模型卡方值；df_0，基准模型自由度；χ_k^2，假设模型卡方值；df_k，假设模型自由度；p^*，协方差矩阵中不重复的方差协方差数；$\mathbf{e}$，非标准残差；$\mathbf{W}_s$，只含对角线的加权矩阵，使得观测矩阵标准化；f，假设模型和观察数据的差异函数的最小值；p，待估参数量。

Hu 和 Bentler 建议 RMSEA 低于 0.06 代表模型可接受，Browne 和 Cudeck 认为指数大于 0.10 表示模型不理想，而 McDonald 和 Ho 建议小于 0.05 为理想拟合模型的判断值，小于 0.08 为可接受模型的判断值。CFI 和 TLI 指数越接近 1 越理想，一般用 0.95 作为判断值，CFI 在小样本量的模型中表现稳定。SRMR 的数值低于 0.08 时，表示模型拟合度较好。

AIC、BIC 和 SBIC 这三个指数与上述指数不同，它们主要用于模型选择。在多个理论模型同时存在的情况下，研究者可以比较基于同一组观测

① TLI 有可能为负值或者大于 1。TLI 为负值意味着模型界定不正确，大于 1 意味着模型界定非常适用于这组数据。

数据所得到的不同模型的指数，值最小的模型代表最优解。值得注意的是，无论不同模型间有没有嵌套关系，这三个指数都适用。但如果模型间有嵌套关系，则可以通过比较它们的卡方值来做假设检验。

如果模型拟合不好，有可能是假设模型的设定问题，也有可能是参数的估计问题，还有可能是技术上的问题。研究者可以应用模型修改的原则，调整假设模型，重新估计。模型修改可以靠研究者的观察判断进行，如找到残差矩阵中较大的残差；也可以由统计算法自动评估某个定值参数被自由估计或者某个自由估计参数被固定后对模型拟合造成的影响。读者可参阅 Chou 和 Huh《结构方程模型中的模型修改》（"Model Modification in Structural Equation Modeling"）来了解详情。但如果 SEM 分析的目的具有严格的验证性，也就是严格遵循理论假设，那么研究者就应该推翻这个模型，因为它不能被实际数据有效支持，而不能去修改它。

当模型拟合结果支持假设模型时，无论是最初的理论模型还是修改后的模型，SEM 分析都可以进行最后的步骤，解释并报告最后的分析结果。首先要报告的是整体模型的基本情况，或者是先验性的依据多个理论的一系列假设，或者是事后在原有理论假设基础上修改的模型假设，或者是基于同一组数据的更具探索性的假设分析。同时也要解释模型中的一些关键的参数，尤其是与基于理论的有因果关系的假设密切相关的路径系数。经常被研究者忽略的是其他的替代模型，这些模型有可能和研究者提出的理论模型同样适用于这组数据，也就是说，模型拟合效果一样好。因此，研究者在多大程度上解释理论模型是唯一接收的适用于实际数据的模型，决定了他们的结论能否为其他的研究者所采纳。

在这一步骤中，更基本的还是描述 SEM 的分析结果，使读者能够得到关于模型界定（其中包括固定和待估参数）、模型估计方法、模型拟合检验结果的完整信息。如果有数据缺失，怎样处理也是应该报告的重要信息，因为处理的方式会影响模型的界定。Graham 和 Coffman 综合介绍了怎样处理 SEM 中的缺失数据。Boomsma、Hoyle 和 Panter 提供了报告分析结果的准则和建议。

要实现这一系列的结构方程模型分析，需要专门的统计软件的协助，如近年来发展迅速、功能强大的 Mplus。

4. Mplus 入门

根据笔者观察，Mplus 几乎可以用来分析所有社会和行为科学领域中学者所感兴趣的模型，是分析潜变量模型的最佳工具。它可以分析多层线性模型(hierarchical linear models)、混合模型(mixture models)，或者是由这二者组合或变化得来的模型。如果读者对 Mplus 很陌生，那么在应用 SEM 之前，有必要简单了解一下这个软件工具。而有 Mplus 使用经验的研究者可以略过此小节。使用 Mplus 需要两个文件，一个是数据文件(data file)，另一个是命令文件(command file)。前者往往在一些通用软件如 SPSS 或 SAS 中产生，后者则在 Mplus 的语言环境中由使用者生成。

(1) 数据文件

与通用的统计软件 SPSS、SAS 和 STATA 相比，Mplus 在数据清理(data cleaning)、数据操作(data manipulation)，以及其他前期数据准备工作中不是很灵活，再加上 Mplus 不能直接读取 SPSS、SAS 和 STATA 生成的数据，笔者建议研究者首先在 SPSS 或其他通用软件里进行数据清理并生成能被 Mplus 直接使用的数据文件。以 SPSS 为例，读者一般可遵循以下步骤：首先在 SPSS 中打开数据文件，清理转化数据(包括给缺失数据重新编码)之后，从菜单中选择 File，再选择 Save As，如图 4-(a)所示，然后在图 4-(b)所示的对话框中输入合适的文件名(如 data.dat)，选择数据格式(如 Tab-delimited)来获得能被 Mplus 识别的数据。SPSS 中有三种数据格式可以被 Mplus 直接读取，分别是 Tab-delimited(后缀名.dat)、Comma-separated values(后缀名.csv)和 Fixed ASCII(后缀名.dat)，读者可任选一种。

最后一个建议是最好能够将新生成的待用 Mplus 处理的数据文件和下文将要谈到的 Mplus 的指令文件(Command File)存储在同一个路径下的文件夹里，这样可以避免在指令文件中输入很长的文件路径名，并且确保同一个项目的文件都存储在同一个地方。

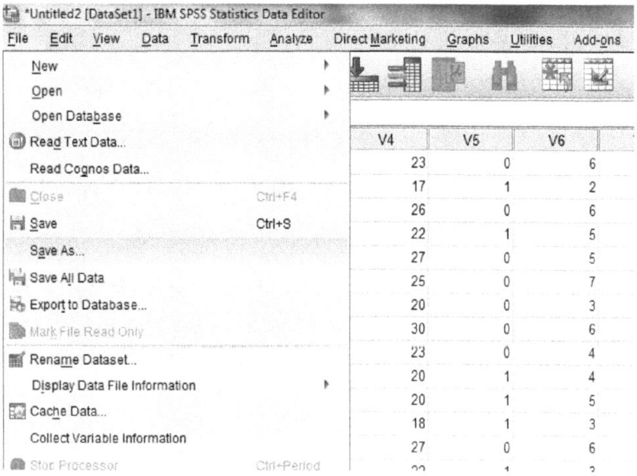

(a)

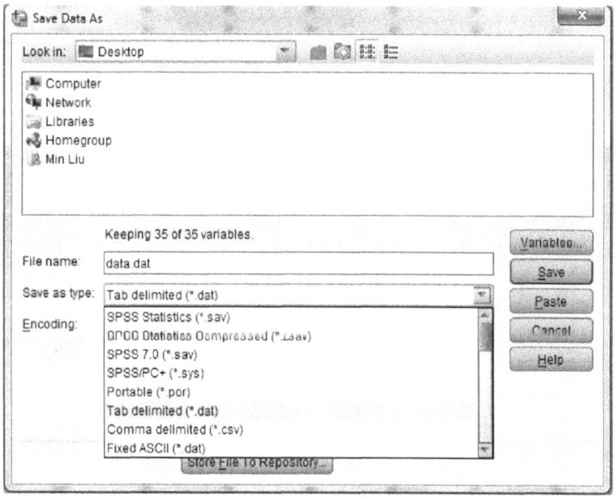

(b)

图 4　用 SPSS 转存可被 Mplus 读取的数据

(2) 指令文件

Mplus 中的指令文件用来指定待分析的数据，界定被测试的模型，并明确操作者想要的模型结果的输出。如图 5 所示，操作者需要在 Mplus 的编程环境中输入一系列指令来完成这些任务，并将其存储为后缀名为.inp 的文件，如上所述，最好将其与数据文件存储在一个路径下。总体来说，指令语句有以下特点：①所有的命令都以冒号（：）结尾。如果操作者输入正确的命令，加上冒号时，文字很快会变为蓝色，如图5所示。②所有的命令行语句以分号（；）结尾。③如果操作者想在命令语句前后加上解释说明，可以在说明前面加上感叹号（！），如图5指令文件中的“OPTIONAL for this analysis”显示为绿色，Mplus不会执行这个语句，因为这个语句之前有感叹号。因此，如果操作者看到绿色的语句，就知道这是注释说明，而不是命令语句。④一般来说，每一行命令不能超过80个字符。如果是很长的命令，操作者需要将其分几行表达出来。⑤在Mplus中，is和are等同于等号（=）。下面我们通过一个线性回归分析案例来熟悉Mplus中的主要命令。线性回归分析可以被视为结构方程模型的一个特例。

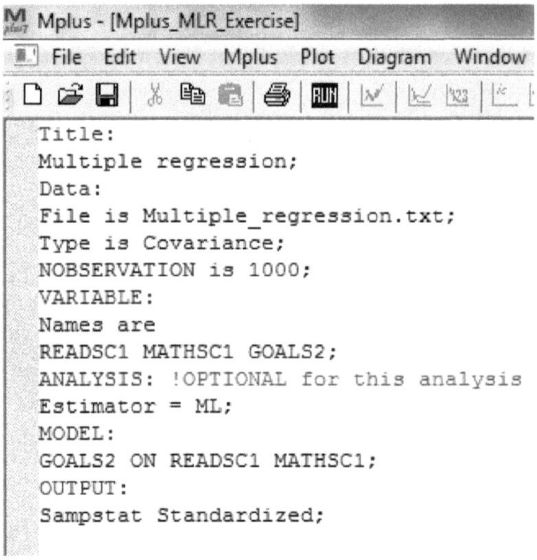

图5　回归模型的指令文件范例

首先指定数据的前三个命令（TITLE、DATA和VARIABLE），这三个命令在Mplus中用来定义数据，告诉程序数据在哪里，数据里有哪些变量。TITLE主要由操作者命名以识别这个指令文件，Mplus并不会执行这个命令。DATA和VARIABLE却是所有的Mplus文件都需要的两个命令。在DATA命令中，FILE指明了文件路径名及文件名“Multiple_regression.

txt”,因为这个指令文件和数据文件在相同位置,文件路径信息就不需要了,这也是笔者之前提出将指令文件和数据文件存储在同一位置这一建议的原因。Mplus 能够识别三种数据类型:第一种是原始数据,这样每个样本在每个变量上的数据都可以看到,包括缺失数据也可以在此文件中指明。第二种是所有变量的方差协方差矩阵(covariance matrix)加上样本量,如图 5 中“Type is Covariance”和“NOBSERVATION is 1000”分别指明了数据文件包含方差和协方差信息,数据样本量是 1000。第三种是所有变量的相关系数矩阵,标准偏差矢量及样本量。可用的语句就变成“Type is STD Corr[①]”和“NOBSERVATION is 1000”,其中 STD 代表标准偏差矢量,Corr 则代表相关系数矩阵。在接下来的 VARIABLE 命令中,“Names are READSC1 MATHSC1 GOALS2”告诉我们这个数据中有三个变量,依照在数据文件中出现的次序,变量分别被命名为“READSC1”“MATHSC1”和“GOALS2”。

接下来注明模型分析的两个命令(ANALYSIS 和 MODEL)。我们将侧重学习 MODEL 命令语句,因为 ANALYSIS 通常用于一些特殊的分析,如探索性验证分析(Exploratory factor analysis)、多层次数据分析(Multilevel analysis)、混合模型(Mixturc models),等等。一般的 SEM 需要用到 Analysis 命令的情形比较少,如果是常见的模型,这个命令语句往往可以省略。以上的例子中特别注明了模型参数估计方法是最大似然估计,但如果不特别注明,Mplus 中默认的估计方法也是最大似然估计。实际上,如果数据不符合正态分布或者数据是分类数据(categorical data),那么我们需要使用其他的模型参数估计方法,这里限于篇幅就不作详细说明。真正在定义分析模型中发挥作用的是 MODEL 命令,其中主要运用三个关键词来界定模型,BY、WITH 和 ON。我们在后面的潜变量模型的学习中会看到 BY,它被用来定义潜变量。例如语句“Model: Y BY X1－X4;”。这里潜变量 Y 由四个外显变量 X1、X2、X3 和 X4 来指示定义,“—”则代表从 X1 到 X4 连续的四个变量。在语句“Model: Y with X;”中,WITH 意味着变量 X 和 Y

① STD 代表 Standard Deviation,Corr 则代表 Correlation Matrix。

之间的相关系数将被估计。在以上的例子中，“Model：GOALS2 ON READSC1 MATHSC1”代表一个回归模型，其中两个预测变量(READSC1 和 MATHSC1)可以预测因变量 GOALS2。

最后需要做的是通过 OUTPUT 命令注明输出文件中要包括哪些信息。这里我们只选择了两个方面的信息。SAMPSTAT 命令语句可以要求 Mplus 输出关于所有变量的样本信息，而 STANDARDIZED 语句要求输出标准化的模型分析结果。回归分析是充分识别模型，这意味着自由度为零并且模型能够完美契合数据。以图 5 为例，我们点击“RUN”键，很快就可以得到结果。下面我们一起来看看描述模型拟合结果。

输出的结果首先重复指令文件的内容。如图 6 所示。

```
Mplus VERSION 7.3
MUTHEN & MUTHEN
03/17/2015   1:27 PM

INPUT INSTRUCTIONS

  Title:
  Multiple regression;
  Data:
  File is Multiple_regression.txt;
  Type is Covariance;
  NOBSERVATION is 1000;
  VARIABLE:
  Names are
  READSC1 MATHSC1 GOALS2;
  ANALYSIS: !OPTIONAL for this analysis
  Estimator = ML;
  MODEL:
  GOALS2 ON READSC1 MATHSC1;

  OUTPUT:
  Sampstat Standardized;
```

图 6　Mplus 输出结果 1：重复指令文件内容

在结果部分，能看到“INPUT READING TERMINATED NORMALLY”就意味着指令文件能顺利地读取数据并运行结果(图 7)。Mplus 告诉我们数据文件中包含一组数据，1000 个样本，每个样本中有一个连续的外显因变量“GOALS2”，两个外显自变量“READSC1”和“MATHSC1”，没有潜变量。

如图 8 所示，Mplus 提供了一些模型分析的技术细节，例如评估方法是最大似然估计，运用预期信息矩阵来确认极值，最多迭代运算次数是 1000，

```
INPUT READING TERMINATED NORMALLY

Multiple regression;

SUMMARY OF ANALYSIS

Number of groups                                                 1
Number of observations                                        1000

Number of dependent variables                                    1
Number of independent variables                                  2
Number of continuous latent variables                            0

Observed dependent variables

  Continuous
   GOALS2

Observed independent variables
   READSC1     MATHSC1
```

图 7　Mplus 输出结果 2：分析数据和模型的基本信息

趋同标准是 0.00005，最多最快下降迭代次数为 20。如果读者不了解模型估计的技术细节，可以略过这一部分。

```
Estimator                                                       ML
Information matrix                                        EXPECTED
Maximum number of iterations                                  1000
Convergence criterion                                    0.500D-04
Maximum number of steepest descent iterations                   20
```

图 8　Mplus 输出结果 3：估计模型的技术细节

图 9 提供了关于数据的协方差矩阵，这个结果来自输出结果语句 “SAMPSTAT”。对角线上的数字代表各个变量的方差，如 MATHSC1 的方差是 1.951。

```
   SAMPLE STATISTICS


         Covariances/Correlations/Residual Correlations
            GOALS2         READSC1        MATHSC1
          ________       ________       ________
GOALS2         1.627
READSC1        0.198          1.623
MATHSC1        0.290         -0.308          1.951
```

图 9　Mplus 输出结果 4：分析数据的协方差矩阵

图 10 展示的是 Mplus 中一系列的标准化的模型拟合指标。如上文所述，因为回归模型是充分识别模型或饱和模型（saturated model），所以它们能够与数据完美拟合。卡方检验（χ^2 test，即图中的 Chi-Square Test）值为 0，自由度也为 0。根据前述模型拟合指标的参考值，我们可以知道 RMSEA、CFI、TLI 和 SRMR 的结果都支持这个模型。

```
THE MODEL ESTIMATION TERMINATED NORMALLY

MODEL FIT INFORMATION

Number of Free Parameters                              3

Loglikelihood
          H0 Value                             -1636.321
          H1 Value                             -1636.321

Information Criteria
          Akaike (AIC)                          3278.642
          Bayesian (BIC)                        3293.365
          Sample-Size Adjusted BIC              3283.837
            (n* = (n + 2) / 24)

Chi-Square Test of Model Fit
          Value                                    0.000
          Degrees of Freedom                           0
          P-Value                                 0.0000

RMSEA (Root Mean Square Error Of Approximation)
          Estimate                                 0.000
          90 Percent C.I.                          0.000  0.000
          Probability RMSEA <= .05                 0.000

CFI/TLI
          CFI                                      1.000
          TLI                                      1.000

Chi-Square Test of Model Fit for the Baseline Model
          Value                                   50.972
          Degrees of Freedom                           2
          P-Value                                 0.0000

SRMR (Standardized Root Mean Square Residual)
          Value                                    0.000
```

图 10　Mplus 输出结果 5：模型与数据拟合指标

图 11 展示了非标准化的（unstandardized）回归模型参数估计结果。Mplus 提供了估计的回归系数（即图中的 Estimate）、标准误差（standard error，即图中的 S. E.）、检验统计（即 Est. /S. E.，类似 t 检验）和 p 值。结果显示，这两个自变量都能显著地预测因变量。

```
MODEL RESULTS

                                                    Two-Tailed
                    Estimate       S.E.  Est./S.E.    P-Value

 GOALS2   ON
    READSC1            0.155      0.031      4.941      0.000
    MATHSC1            0.173      0.029      6.056      0.000

 Residual Variances
    GOALS2             1.544      0.069     22.361      0.000
```

图 11　Mplus 输出结果 6：非标准化的模型参数估计

图 12 展示了三种不同的标准化的估计结果。STDYX 会根据外显变量和潜变量的方差来进行标准化，STD 仅根据潜变量的方差来进行标准化，而 STDY 仅依据外显变量的方差来进行标准化。初学者往往不知道应该采用哪一组结果。如果模型包括的是连续变量，无论是外显变量还是潜变量，都建议使用者使用 STDYX 的结果，因为它们与其他 SEM 程序中的标准化结果最接近。

```
STANDARDIZED MODEL RESULTS

STDYX Standardization
                                                    Two-Tailed
                    Estimate       S.E.  Est./S.E.    P-Value
 GOALS2   ON
    READSC1            0.155      0.031      4.997      0.000
    MATHSC1            0.190      0.031      6.162      0.000

 Residual Variances
    GOALS2             0.950      0.013     70.923      0.000

STDY Standardization
                                                    Two-Tailed
                    Estimate       S.E.  Est./S.E.    P-Value
 GOALS2   ON
    READSC1            0.121      0.024      5.028      0.000
    MATHSC1            0.136      0.022      6.218      0.000

 Residual Variances
    GOALS2             0.950      0.013     70.923      0.000

STD Standardization
                                                    Two-Tailed
                    Estimate       S.E.  Est./S.E.    P-Value
 GOALS2   ON
    READSC1            0.155      0.031      4.941      0.000
    MATHSC1            0.173      0.029      6.056      0.000

 Residual Variances
    GOALS2             1.544      0.069     22.361      0.000
```

图 12　Mplus 输出结果 7：标准化的估计结果

最后，作为标准化结果的一部分，Mplus 也为每一个因变量提供了 R^2。图 13 中，模型仅仅解释了变量 GOALS2 的 5%的方差。

R-SQUARE				
Observed Variable	Estimate	S.E.	Est./S.E.	Two-Tailed P-Value
GOALS2	0.050	0.013	3.709	0.000

图 13　Mplus 输出结果为 8：R^2

如果读者熟悉了 Mplus 的环境，就可以来看看研究者怎样在实际中应用 SEM 解决研究问题，而这当然离不开在 Mplus 中建立模型来解释分析数据。

参考文献

[1] AKAIKE H. Factor analysis and AIC[J]. Psychometrika，1987(52)：317-332.

[2] BANDALOS D L，GAGNE P. Simulation methods in structural equation modeling[M]//HOYLE R H. Handbook of structural equation modeling. New York：Guilford Publications，2012.

[3] BENTLER P M. Comparative fit indexes in structural models[J]. Psychological Bulletin，1990(107)：238-246.

[4] BENTLER P M. EQS structural equations program manual[M]. Encino：Multivariate Software，1995.

[5] BOLLEN K A. Structural equations with latent variables[M]. New York：John Wiley & Sons，Inc.，1989.

[6] BOOMSMA A，HOYLE R H，PANTER A T. The structural equation modeling research report[M]//HOYLE R H. Handbook of structural equation modeling. New York：Guilford Press，2012：341-358.

[7] BROWNE M W，CUDECK R. Alternative ways of assessing model fit[J]//Sociological Methods & Research，1992，21(2)：230-258.

[8] CHOU C P，HUH J. Model modification in structural equation modeling[M]//HOYLE R H. Handbook of structural equation modeling. New York：Guilford Press，2012：232-246.

[9] DUNCAN O D. Introduction to structural equation models[M]. New York：Academic Press，1975.

[10] GRAHAM J W, COFFMAN D L. Structural equation modeling with missing data [M]//HOYLE R H. Handbook of structural equation modeling. New York: Guilford Press, 2012.

[11] GREEN S B, THOMPSON M S. A flexible SEM approach for analyzing means[M]// HOYLE R H. Handbook of structural equation modeling. New York: Guilford Press, 2012: 393-416.

[12] HANCOCK G R, LIU M. Bootstrapping standard errors and data-model fit statistics [M]//HOYLE R H. Handbook of structural equation modeling. New York: Guilford Prcss, 2012: 296-306.

[13] HOYLE R H. Handbook of structural equation modeling[M]. New York: Guilford Press, 2012.

[14] HU L, BENTLER P M. Cutoff criteria for fit indexes in covariance structure analysis: coventional criteria versus new alternatives[J]. Structural Equation Modeling, 1999 (6): 1-55.

[15] JORESKOG K G. A general approach to confirmatory maximum-likelihood factor analysis[J]. Psychometrika, 1969(34): 183-202.

[16] KENNY D A, MILAN S. Identification: a non-technical discussion of a technical issue [M]//HOYLE R H. Handbook of structural equation modeling. New York, Guilford Press, 2012: 145-163.

[17] KLINE R B. Assumptions of structural equation modeling [M]//HOYLE R H. Handbook of structural equation modeling. New York: Guilford Press, 2012: 111-125.

[18] LEE T, CAI L, MACCALLUM R C. Power analysis for tests of structural equation models[M]//HOYLE R H. Handbook of structural equation modeling. New York: Guilford Press, 2012: 181-194.

[19] MACCALLUM R C, AUSTIN J T. Applications if structural equation modeling in psychological research [J]. Annual Review of Psychology, 2000(51): 201-226.

[20] MCDONALD R P, HO M-H R. Principles and practice in reporting statistical equation analyses [J]. Psychological Methods, 2002(7): 64-82.

[21] MOLINE A E. Causal modeling for institutional researchers[J]. New Directions for Institutional Research, 1988(58): 61-76.

[22] SCHWARZ G. Estimating the dimension of a model[J]. Annals of Statistics, 1978(6): 461-464.

[23] SCLOVE L S. Application of model-selection criteria to some problems in multivariate analysis[J]. Psychometrics, 1987(52): 333-343.

[24] STEIGER J H, LIND J C. Statistically-based tests for the number of common factors [C]. Iowa: The Annual Spring Meeting of the Psychometric Society, 1980.

[25] THOEMMES F, REISER M R, MACKINNON D P. Power for complex meditational designs using Monte Carlo Methods[J]. Structural Equation Modeling, 2010(17): 510-534.

[26] TUCKER L R, LEWIS C. The reliability coefficient for maximum likelihood factor analysis[J]. Psychometrika, 1973(38): 1-10.

[27] WEST S G, TAYLOR A B, WU W. Model fit and model selection in structural equation modeling[M]//HOYLE R H. Handbook of structural equation Modeling. New York: Guilford Press, 2012.

[28] WU A D, ZUMBO B D. Understanding and using mediators and moderators[J]. Social Indicators Research: An International Interdisciplinary Journal for Quality of Life Measurement, 2008(87): 367-392.

院校研究数据分析案例篇

导读

利用描述性统计方法和 t 检验分析调查研究数据

利用逻辑回归分析确认高风险流失学生

利用路径分析和结构方程模型分析大学生兄弟会对学生健康的影响

导读

本书的宗旨是向中国的院校研究学者介绍美国院校研究工作人员怎样做院校研究工作。本书涉及如何把统计学的概念应用在日常工作中，如何使用统计分析方法解决高等院校面临的一些实际问题（如招生工作、学生动态、教授工资、学生的去和留，等等），是每个院校研究办公室都非常关注的问题。

早在1999年，Patrick Terenzini博士就指出，院校研究人员应该具备三种能力，只有掌握了这三种能力，才能处理好院校研究的日常工作。这三种能力是掌握技术和分析问题的能力、识别要害问题的能力、了解背景情况的能力。掌握技术和分析问题的能力是这三种能力的基础，美国的每一名院校研究人员都具有很强的统计学背景，都经过了应用统计分析理论的检验。掌握统计学理论和研究方法是很多院校研究工作人员进入院校研究领域的敲门砖。掌握好统计学理论和数据分析方法是加强院校研究三种能力的基础。无论是提高分析能力和认识能力，还是提高了解高等院校背景情况的能力，都离不开对数据的了解和应用。

本篇介绍美国院校研究情况及统计学应用。希望读者可以了解美国院校研究办公室是怎样应用统计学原理和使用统计学技巧来解决实际院校研究问题的。案例报告涉及美国高等教育研究的许多方面，从新生背景调查，校园生活、学生学习成果分析，落后生预警，到教授工资的研究。这些报告的内容各有千秋。有的报告着眼于实际操作，一步一步向读者介绍如何计算和解读分析结果，在什么情况应该使用什么统计方法，如何使用简单的分析方法解决院校研究中的大问题。有的报告向读者展示一份院校研究公室的真实报告，目的是让读者了解美国院校研究日常报告的形式和内容。还有的报告把重点放在理论分析上，介绍如何使用较高难度的统计学方法分析高等院校中出现的问题，如《路径分析和结构方程模型》。这篇报告研究的是美国校园生活，揭示了美国校园生活中的一些问题，如抽烟、酗酒、吸毒等。作者介绍了其使用路径分析和结构方程模型的分析方法研究校园学生生活问题，并找到了问题的根源。

利用描述性统计方法和 t 检验分析调查研究数据

曹小兵　谭　钦

内容摘要　本文通过全美新生调查(The Freshmen Survey，TFS)的一个调查结果的样本分析案例来展示如何利用描述性统计方法和 t 检验分析调查研究数据。读者将对如何借助统计软件对需要比较的数据进行分割、如何进行描述性统计分析、如何进行对比分析等分析过程操作与如何进行相应的分析结果解读有更系统和更深入的了解。

关键词　描述性统计　t 检验　对比分析

美国加利福尼亚大学洛杉矶分校(University of California，UCLA)设有一个全美高等教育研究所(Higher Education Research Institution，HERI)。HERI 每年对美国刚刚入学的大学新生进行一次新生背景调查(The Freshmen Survey，TFS)。TFS 的调查问卷由亚历山大・奥斯汀(Alexander Astin)于 1966 年创设,迄今已有 50 多年历史,来自近 2 000 所高等院校的 1 500 多万名美国大学新生填写过这个问卷。问卷主要包括新生的高中生活、政治观点、自我评价、未来计划、家庭背景等方面的问题。

这个案例主要介绍如何使用最基本的统计学方法来分析 TFS 调查结

果。通过叙述统计(descriptive statistics)和对比统计的方法(如 t 检验)了解本校新生情况。这项研究主要使用了 TFS 答卷中的五方面资料：新生背景、挑选就学院校、政治和社会主张、学习目标、未来的学习生活规划。下面将逐项介绍这五个方面的测量方法。

第一组数据是学生的个人资料，其中包括学生的性别、种族、政治倾向(分为 5 类：左翼、右翼、保守、开放、中庸)、宗教信仰(分得很细，学生可以在 20 多种宗教派别中选出自己信仰的宗教)、家庭住址和就读大学的距离(共 6 个选项，分别为：5 英里[①]以内、6～10 英里、11～50 英里、51～100 英里、101～500 英里、500 英里以外)、父母的年收入(共 14 个选项，从 1 万美元到 25 万美元以上)、功课补习情况(分为将需在大学里补习和已经做过补习，补习内容也很详细，如英语、阅读、数学、社会科学、科学、写作等)和自我评价(共 5 个选项，分别为上 10%、中上、中间、中下、下 10%，此题要求学生将自己和同年龄的青年相比较，比较学习能力、计算机应用能力、创造力、人气等)。

第二组数据是学生的高校选择。学生的高校选择方面的测量分为两个维度。一是为什么要上大学，二是为什么上这所大学。这里解释一下，美国大学的录取制度与中国不同，一个学生可以同时被若干个大学录取，最终去哪一所大学就读，由学生自己决定。因此测量学生选择学校的原因是研究高校生源市场的一个很重要的课题。学生要排列一系列入学原因的重要性，如非常重要、有点重要和不重要。

第三组数据是专业目标。包括专业和职业兴趣(如成为本专业权威、帮助他人、参与社区活动等)、估计自己在大学学习期间会发生什么变化(如转专业、辍学、与其他学生关系密切等)。学生要在一个四级选项尺度表(4-level Likert Scale)中作出选择(如重要、不重要；可能、不可能等)。

第四组数据是自评价。学生要用五级选项测量尺度评价自身各方面的能力，如业务水平、艺术水平、竞争能力等。同样的评价活动还会在学生完成大学一年级学业时和大学毕业之前再开展一次，研究大学生活对学生自

① 英美制长度单位。一英里等于 5 280 英尺，约合 1.609 3 千米。

我评价的影响。

第五组数据关于政治、社会主张和人生目的。学生需要在一系列有关政治主张、社会价值和人生目的题目(如关于税收问题、各种族平等问题的题目)中表明自己是否同意题设观点。

抽样调查结果显示,男生约占 31%,女生约占 69%(女生的比例略高于实际比例)。白人占 80%、其他种族占 20%,其中西班牙墨西哥后裔约占 6%、双种族约占 6%、黑人约占 4%、亚裔约占 3%。

调查结果显示,多数新生(45%)的政治倾向是中庸(Middle-of-the-road)的,约五分之一学生的政治态度保守(Conservative),30%学生的政治态度开放。政治态度极左或极右的学生只约占 6%。近三分之一的大一学生信仰天主教,14%的新生信仰基督教,大约有 12%的新生没有宗教信仰。大多数新生(56%)的家庭地址在学校 100 英里以外,只有大约 25%的新生的家庭住址在校园附近 50 英里以内。约有 37%新生的父母年收入低于 6 万美元,父母年收入在 10 万美元以上的新生占 35%。

调查结果表明,黑人和少数民族学生对社会和政治更加热心,如当被问到是否会参加示威游行、影响政治局势或为种族平等而努力时,黑人回答"是"的比例要高于其他种族。另外,政府助学金资助还存在着政策问题,如低收入家庭的学生所得到的助学金远远不足以支付其学费及其大学阶段的其他开支,虽然从表面上看,50%以上的少数民族学生都可以得到政府的帮助,但是他们所得的资助的数额微不足道。除此之外,他们还承担着很多贷款。大约 50%~65%低收入家庭的学生需要边上学边做兼职工作。这些越来越严重的经济原因使得大学生在选择就读学校时不得不考虑家庭经济因素。

下面是一个调查结果的分析样本。分析使用描述性数据分析方法和两组平均数对比方法(表 1)。报告篇幅很长,这里只提取了报告的一部分,但是整篇报告都采用相同格式。

表 1 包括五部分:百分比、平均数、标准差、t 值检验结果和实验效应值。从第二行开始,第二行到第四行是百分比分析。调查总结了选择每一个选项的人数,为了方便比较,报告中没有使用人数而是使用百分比。百分比数

据说明该校只有 8.5%的新生认为成为社区领导至关重要，而其他两组对比院校则有 13%～14%的新生持此观点。

表 1　全美新生调查数据分析方法样本

序号	A	B	C	D
		某校	对比院校 1	对比院校 2
	指出以下各项对你个人的重要性：成为社区领袖			
1	至关重要	8.5%	14.4%	13.0%
2	非常重要	26.2%	32.5%	30.1%
3	有些重要	38.1%	37.3%	37.9%
4	不重要	27.2%	15.9%	18.9%
5	总计(n)	412	5 149	9 740
6	均值	2.16	2.45	2.37
7	标准差	0.92	0.92	0.93
8	显著性	—	* * *	* * *
9	效应值	—	−0.32	−0.23

第五行是抽样人数。明确了抽样人数就不难计算出选择每一个选项的人数，如“某校”有 8.5%的新生认为成为社区领导至关重要，而“某校”抽样人数是 412 人，那么“某校”认为成为社区领导至关重要的人数就是 412×0.085＝35 人。

第六行和第七行是平均数，其中包括平均数（Mean）和标准差（Standard）。平均数和标准差展现了数据的分散程度，将“某校”和其他两组院校相比较便可以大致得知三者之间的差别。如果想用统计学方法来检验三所学校之间是否存在明显区别，根据平均数、标准差两项指标和抽样人数就不难计算出 t 值。

第八行统计检验结果，使用的是 t 值检验方法，但并没有显示 t 值，而是用“*”标出对比院校 1、对比院校 2 与“某校”是否有明显区别。如样本中关于个人生活目标的问题，问的是学生认为将来成为社区领导有多重要，共四个选择：4＝至关重要，3＝非常重要，2＝有些重要，1＝不重要。由于每个回答都有一个相应的数字来代表，因此根据每名学生的答案可以计算出一个平均数。之后再使用本书在比较两个平均数部分介绍的 t 检验方法计算常 t 值(参见公式 5.1 和 5.2)。样本数据表明“某校”学生的答案的平均数是 2.16，相当于“有些重要”。其他两所学校学生的答案的平均数分别是 2.45 和 2.37，而其他两所大学的抽样人数很多，分别是约 5 000 人和超过 9 000 人。前面提到，使得两组数据有显著区别的条件之一是样本量大小，样本量越大越容易出现显著区别。此例正说明了这一点。顺便提一下，“*”代表 t 值显著大小，如果 p 值小于 0.001 就标记为“* * *”，如果 p 值小于 0.01 就标记为“* *”，如果 p 值小于 0.05 就标记为“*”。

第九行是实验效应值(effect size)。实验效应值为我们提供一组数值与另外一组数值的对比情况。如果实验效应值是 0，表明两组数值很接近，它们之间没有区别。反之，如果实验效应值是 1，则表明两组数值只有 45％相同、相覆盖。因此，实验效应值越大，两组数值越不同。实验效应值可以从另一个方面帮助我们理解两组数据是否明显不同。特别是当抽样样本量很大时，做实验效应值检验非常有必要。从第九行得知“某校”和第一所对比院校的实验效应值是－0.32，它表明二者之间的差别的重要性在“小”和“中”之间，一般来说，实验效应值大于 0.2，就要提起注意了。负的实验效应值表明“某校”实验效应值低于对比院校。

表 1 除序号外共有四列：“A”是每一行的标题，“B”是“某校”数据，“C”和“D”是两个同类学校的对比数据。

下面介绍如何使用 SPSS 软件获取以上数据。以宗教信仰为例，上文提到过，合作机构研究计划新生调查(CIRP-Freshman Survey)里有一套关于学生自我鉴定的问卷，这套问卷测量了学生的自我感觉，涉及很多方面，从业务到精神生活。下面检查公立大学和私立大学在宗教信仰自我感觉上是否不同。原题为“和你的同年龄人相比你怎么评价自己的宗教信仰程度：最高的 10％、中线以上、中间、中线以下、最低的 10％”。变量的英文名是 TFSRAT14，对比组名是 INSTCONT［包括两组：公立大学(Public)和私立大学(Private)］。

我们的分析分为两部分：一是进行描述性统计分析；二是进行 t 检验和计算实验效应值。首先打开 SPSS，然后在菜单上点击“Analyze”。

第一步：因为要比较公立大学和私立大学的不同，首先应把数据分割为两组。下面展示如何把数据一分为二，共分两步，图 1 至图 3 具体展示了如何分割数据。

(1) 点击“Data”，然后选择“Split File”(切割数据)(图 1)。选择之后会弹出一个新窗口(图 2)。

图 1　使用 SPSS 软件进行描述性统计分析——把数据一分为二(1)

(2) 下面需要选择用什么变量来切割数据。因为我们已经决定要对比两种大学(公立大学与私立大学)，所以变量“Institution Control”(大学属性)是我们切割对比数据的变量。如图 3 所示，首先选择“Compare groups”，然后再把“Institution Control”拉入右边的窗口。

第二步：进行描述性数据分析。

(1) 首先选择“Descriptive Statistics”(描述性统计)，再选择“Frequencies”(图 4)。

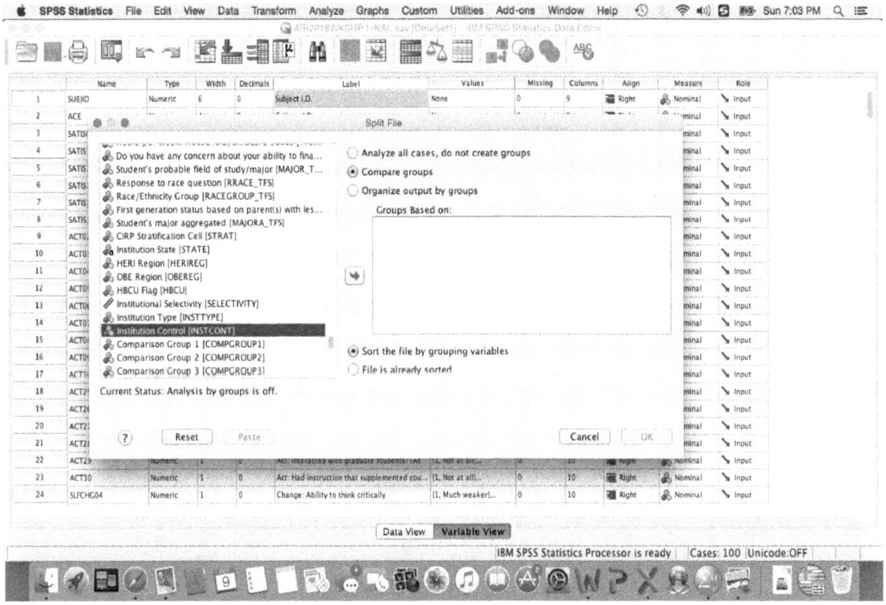

图 2　使用 SPSS 软件进行描述性统计分析——把数据一分为二(2)

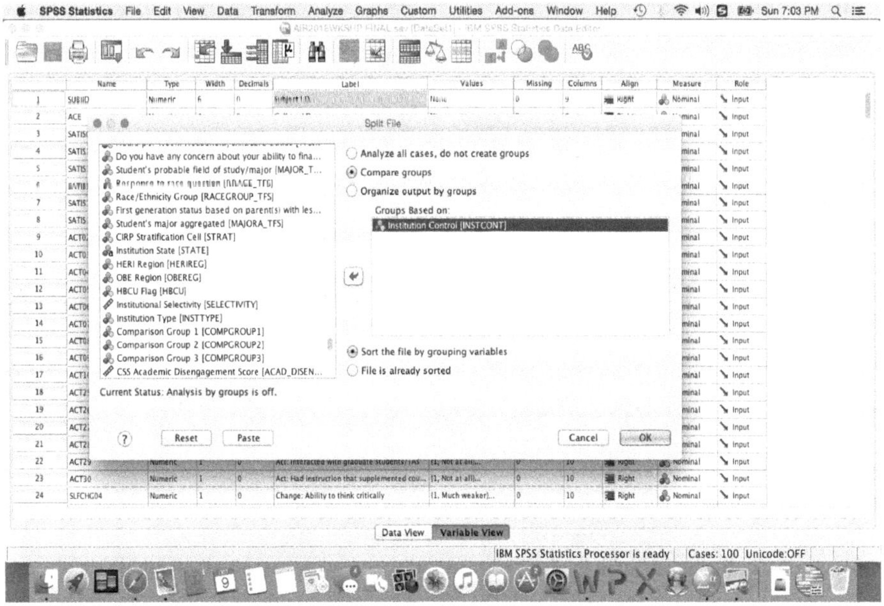

图 3　使用 SPSS 软件进行描述性统计分析——把数据一分为二(3)

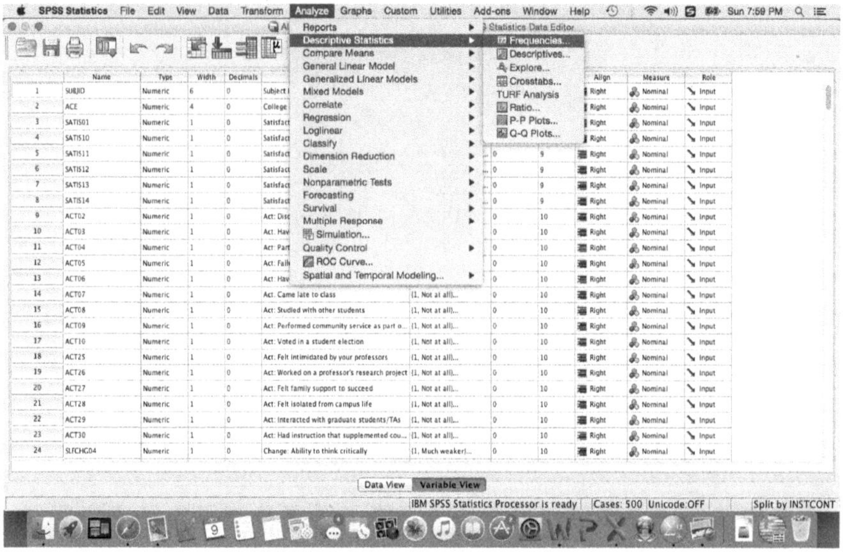

图 4　使用 SPSS 软件进行描述性统计分析(1)

(2) 之后会弹出一个对话框,里面有所有的变量名称(图 5),找到"Self Rating：Religiousness TFSRATE17"(宗教信仰),然后把这个变量拉入右边的窗口(图 6)。

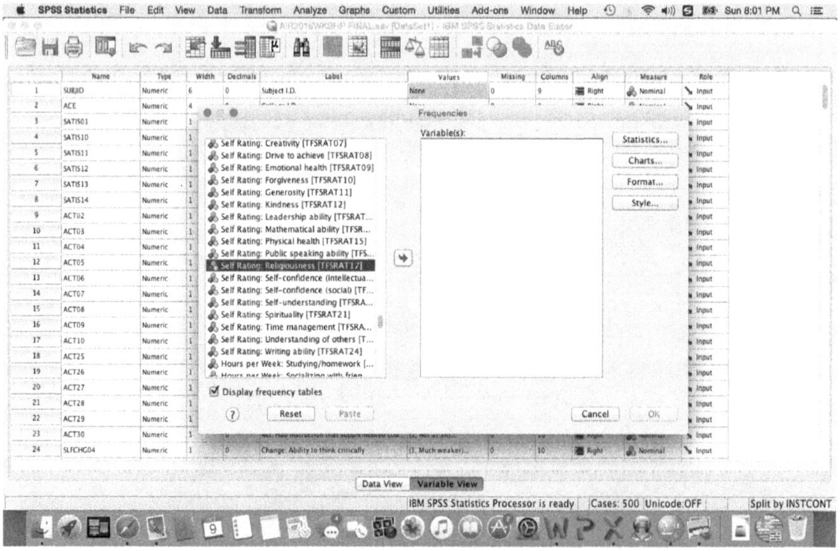

图 5　使用 SPSS 软件进行描述性统计分析(2)

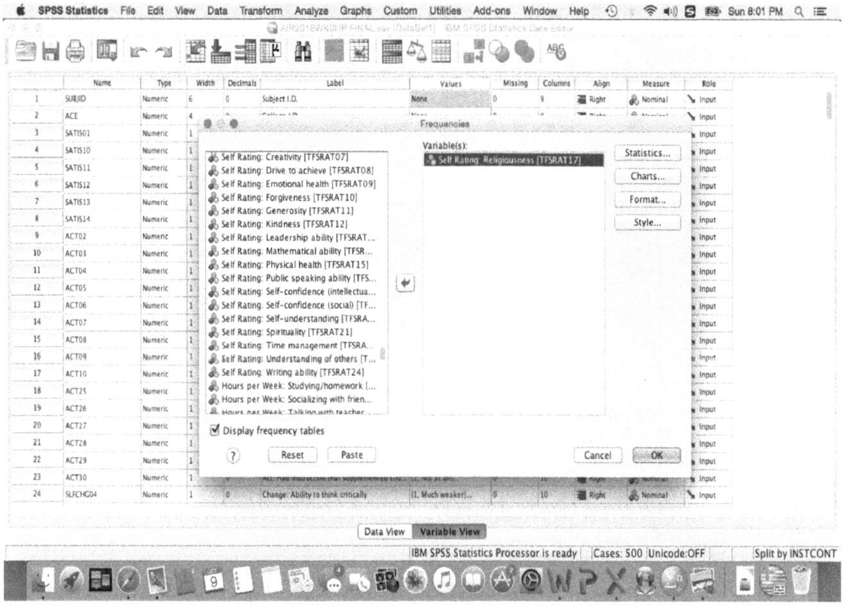

图 6　使用 SPSS 软件进行描述性统计分析(3)

(3) 点击“Statistic”打开另外一个窗口(图 7)。

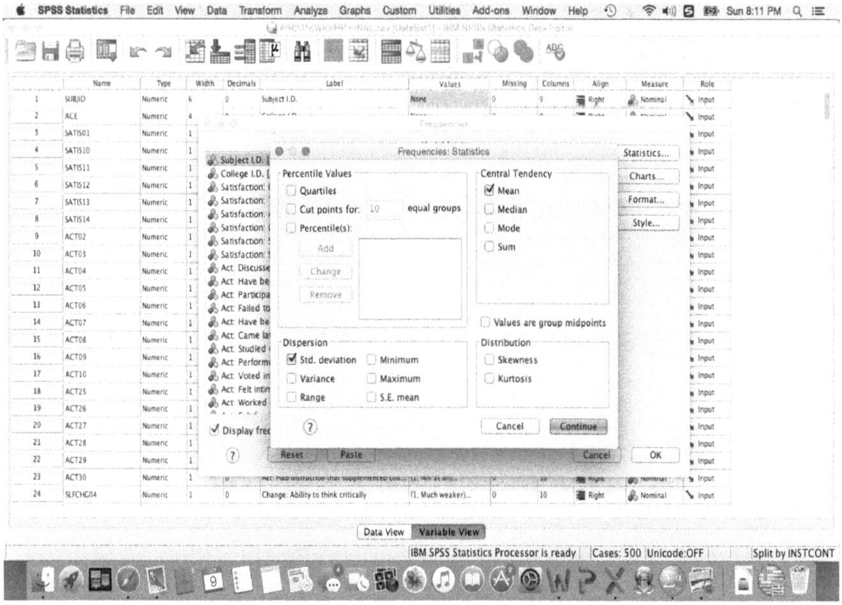

图 7　使用 SPSS 进行描述性统计分析(4)

(4) 选择“Mean”和“Std. deviation”，然后点击“Continue”(图 7)。

(5) 最后点击“OK”便可得到 SPSS 软件的分析结果(表 2 和表 3)。

表 2　SPSS 软件描述性统计分析分析结果(1)

院校类型			频率	百分比	有效百分比	累计百分比
公立	有效值	最下面 10%	65	14.5%	17.4%	17.4%
		中线以下	87	19.4%	23.3%	40.8%
		中间	104	23.2%	27.9%	68.6%
		中线以上	80	17.8%	21.4%	90.1%
		最上面的 10%	37	8.2%	9.9%	100.0%
		总计	373	83.1%	100.0%	—
	缺失值	系统	76	16.9%	—	—
	总计	—	449	100.0%	—	—
私立	有效值	最下面 10%	548	12.0%	13.1%	13.1%
		中线以下	683	15.0%	16.3%	29.4%
		中间	1 315	28.9%	31.4%	60.8%
		中线以上	1 126	24.7%	26.9%	87.6%
		最上面的 10%	518	11.4%	12.4%	100.0%
		总计	4 190	92.1%	100.0%	—
	缺失值	系统	361	7.9%	—	—
	总计	—	4 551	100.0%	—	—

表 3　SPSS 描述性统计分析分析结果(2)

公立	总数	有效值	373
		缺失值	76
	平均数		2.83
	标准差		1.232
私立	总数	有效值	4190
		缺失值	361
	平均数		3.09
	标准差		1.201

下面讲解如何解读SPSS软件的分析结果。表2分为上下两部分，上面是公立大学的数据，下面是私立大学的数据。表2共有5列，我们只需要第4列的数据——有效百分比。公立大学中有17.4%的学生把自己排在最下面的10%，私立大学中有13.1%的学生把自己排在最下面的10%；公立大学中有23.3%的学生把自己排在中线以下，私立大学有16.3%的学生把自己排在中线以下，等等，以此类推。表3也分为上下两部分，上面是公立大学的数据，下面是私立大学的数据。但是这些数据不是频率，而是数据的分散程度。公立大学的平均数是2.83，标准差是1.232；私立大学的平均数是3.09，标准差是1.201。

下面对比分析公立大学和私立大学。前面讲过，做两个组的数据对比分析需要使用 t 检验方法。对比组是学院的属性“Institution Control”，变量名是INTCONT，做描述性统计分析时，我们需要先把数据按照院校属性分开，然后再进行分析。做 t 检验就无此必要，所以在进行 t 检验分析之前必须先关掉数据分割。步骤与打开数据分割相似，但不同的是，这次我们不选择“Compare groups”，而是选择“Analyze all cases, do not create group”。具体方法如图10所示。

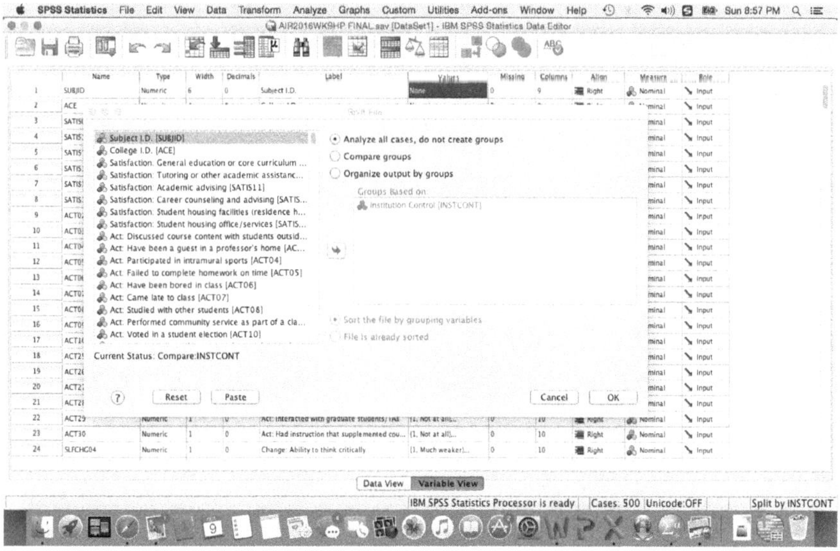

图10 关闭数据分割

（1）点击“Data”，然后选择“Split File”（切割数据）。选择之后会弹出一个新窗口。

（2）选择“Analyze all cases，do not create groups”，再点击“OK”。

关闭数据分割之后，就可以对比两组数据。

（1）点击“Analyze”，选择“Compare Means”，再选择“Independent-Samples T test”，随即会弹出一个小窗口（图 11）。

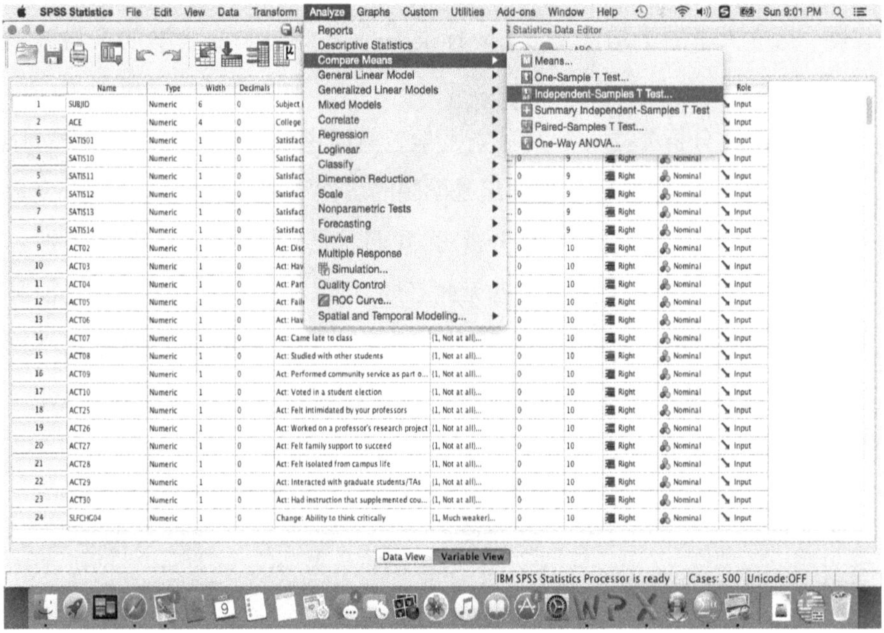

图 11　使用 SPSS 软件进行两组数据对比（1）

（2）下面需要选择：①把什么变量当作被检验的变量“Test variable（s）”；②把什么变量当作分组变量“Grouping variable”。选择被检验变量很容易，在左边变量菜单上找到变量“Self Rating：Religiousness TFSRATE17”（宗教信仰），然后把这个变量拉入右上方“Test Variable（s）”的小窗口即可（图 12）。

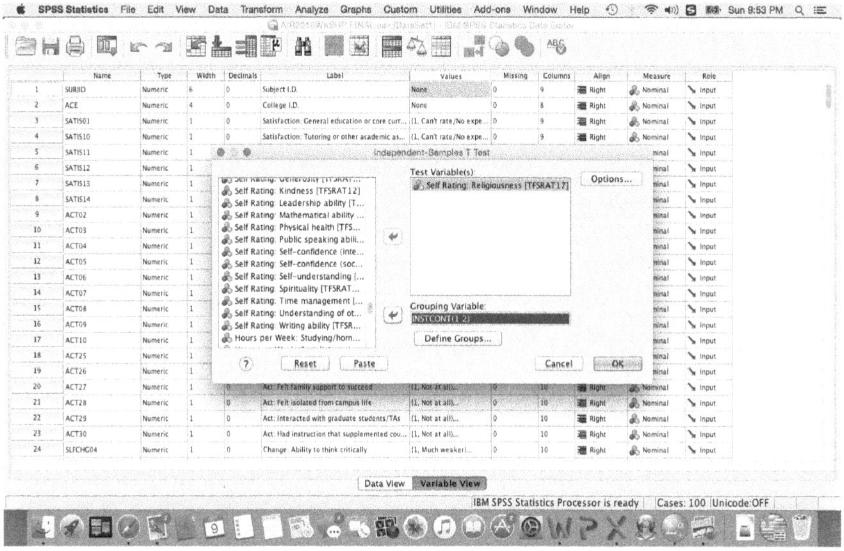

图 12　使用 SPSS 软件进行两组数据对比(2)

下面解释如何选择用于分组的变量和如何设置分组。上文提到我们要用院校的属性(公立或私立)进行分组。变量名是“INTCONT”，步骤如下：

(1) 把“INTCONT”拉入右下方的“Grouping Variable”的小窗口(图 12)。

(2) 点击“Define Groups”，之后又有一个小窗口打开(图 13)。

(3) 设第一组(Group 1)为“1”(1 代表公立大学)，再设第二组(Group 2)为“2”(2 代表私立大学)(图 13)。

(4) 然后点击两次“OK”，便可以得到 SPSS 分析结果。

下面介绍如何解读 SPSS 数据比较的分析结果(SPSS OUTPUT)。首先判断两组数据是否方差平等。先查看 F 值和风险系数(表 4)，如果风险系数大于 0.05，那么两组方差相等，否则两组方差不等。此案例中，$F=2.868$，其风险系数是 0.09(大于 0.05)，表明两组方差相等。

下一步查看 t 值，因为两组数据方差相等，所以在此查看 t 值时就要使用第一行“Equal variances assumed”(方差相同)。表 5 是 t 检验的结果，t 值用来检验公立大学和私立大学的学生关于宗教信仰的自我鉴定平均数是

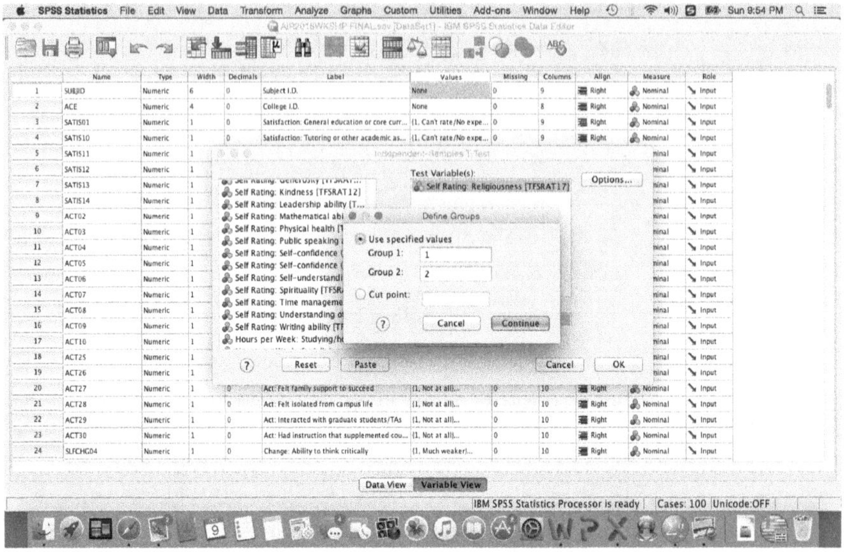

图 13　使用 SPSS 软件进行两组数据对比(3)

否有明显区别。在此案例中，t 值等于－4.004，风险系数为 0.00，两组的平均差是－0.26。这些数据表明公立大学和私立大学的学生关于宗教信仰的自我鉴定的平均数截然不同，公立大学的学生觉得自己有宗教信仰的比例低，二者相差 0.26 分。

表 4　SPSS 两组对比分析结果(1)

—	—	F	Sig.
—	—	—	—
自变量：宗教	假设方差齐性	2.868	0.09
—	假设方差不齐性	—	—

表 5　SPSS 两组对比分析结果(2)

—	t	df	Sig.（2-tailed）	平均差	标准误差差值
假设方差齐性	－4.004	4 561	0.00	－0.26	0.065
假设方差不齐性	－3.919	437.31	0.00	－0.26	0.066

通常我们还要进一步检验公立大学和私立大学之间的平均差是否真的

很重要，有时由于样本量很大，微小区别也会显示出明显不同，当然此案例中 0.26 并不算太小。为了确保我们的分析有实际意义，下面计算实验效应值。它的公式是 $EF=\frac{\overline{X}_1-\overline{X}_2}{SD}$，我们可以从表 3 中得到公立大学的平均数和私立大学的平均数：公立大学的平均数＝2.83（标准差＝1.232）；私立大学的平均数＝3.09（标准差＝1.201）。将公立大学的平均数和私立大学的平均数代入公式可得，(2.83－3.09)/1.232＝0.216 7。当 EF＞0.2 时，我们就可以考虑两组之差有意义。

参考文献

[1] SALKIND N J. Statistics for people who hate statistics[M]. 6th ed. Thousands Oaks: Sage, 2014.

[2] SCHUTT R K. Investigating the social world[M]. 8th ed. Thousands Oaks: Sage, 2015.

[3] BLALOCK H. Social statistics[M]. 2rd ed. New York/London: McGraw-Hill Book Company, 1979.

[4] COHEN J. Statistical power analysis for behavioral science[M]. Mahwah: Lawrence Erlbaum Associated Publishers, 1988.

[5] EAGAN K, STOLZENBERG E B, BATES A K, et al. The American freshman: national norms fall 2015 — expanded edition[R/OL]. [2021-10-21]. https://heri.ucla.edu/monographs/TheAmericanFreshman2015.pdf.

利用逻辑回归分析确认高风险流失学生

张　杨

内容摘要　本文着重介绍了一个利用逻辑回归帮助学校提高学生保有率的成功案例。通过阅读该案例中呈现的分析过程与操作过程，读者将对如何选择建立回归方程的自变量、如何检验变量间的相关性、如何建立逻辑回归模型并进行逻辑回归分析等分析思路与操作过程有更清晰的了解，进而更好地了解回归分析在院校研究中的应用。

关键词　逻辑回归　学生保有率　回归方程

为了更好地帮助读者了解回归分析在院校研究中的应用，本文着重介绍笔者曾就职的某大学(文中以A大学指代)如何利用逻辑回归分析确认高流失风险学生，并针对该学生群体制定“一帮一伙伴计划”，帮助学生解决学习生活中的各种问题，从而在三年间将一年级保有率由68%提升至80%的成功案例。当院校研究专业人员利用统计模型帮助决策者解决问题时，要对该问题的理论背景、学校的相关数据库、决策者可能采取的解决措施有深入详尽的了解，而不能简单地对数据进行分析。因此，本文将对利用逻辑回归帮助学校提高学生保有率的案例进行全面介绍，以期帮助读者了解除统计方法外与院校研究课题相关的方方面面。

美国高校所实行的灵活自由的转学、转专业、延期毕业等制度给予了学生选择学校和专业的极大自由，但同时也给高校自身带来了学生保留率方面(Retention Rate)的压力。在美国联邦政府和州政府不断削减对高校和学生的财政支持的当下，大学学费持续攀升，学生不堪重负。经济压力使学生转学或退学的可能性增加，使得高校学生保有率问题更加严峻。

学生保留率是指学生在未完成学业的情况下的持续返校率。学生保有率被看作学校教学质量、学校环境、氛围及文化等各方面情况的重要风向标，并且是学生顺利完成学业的前提条件。因此，无论是美国各级政府、大学认证机构，还是学生、家长，以及普通大众，都日益关切各高校的学生保有率情况，并将学生保有率看作评估及选择高校的标准之一。近年来，高校对院校研究办公室收集、整理、分析学生保有率数据的要求不断增加。高校因此对院校研究员提出更高的要求，如运用逻辑回归分析明确对保有率有重要影响的因素，以及通过回归方程计算出学生流失的风险性，并根据学生流失的概率，针对高风险学生进行特别的联系与干预。

研究表明，美国大学本科生在第一学年的流失率最高。根据四年制高校管理人员对学生流失率的大致估计，本科生第二学年的流失率大致是第一学年的一半，而第三学年的流失率是第二学年的一半。以笔者曾工作过的 A 大学为例，2004—2007 年，大一学年结束后，只有 70%的学生返校就读；大二学年结束后，学生保有率又下降了 14%，降至 56%；在大三学年结束后，仅有 50%的学生仍继续在该校就读。由于大一学年后的高流失率是各类高校中的普遍现象，因此高校管理者与高等教育研究者达成如下共识：提高学生保有率和以此为基础的毕业率的关键是在新生入学的第一学年留住学生。正因如此，针对大学一年级学生的各种研究及支持项目层出不穷。同其他高校一样，A 大学将提高一年级学生保有率作为学校工作的重中之重，投入大量人力物力帮助大一新生更好地融入大学生活，提高新生学习成绩，增强新生对 A 大学的认同感。

近年来，逻辑回归分析愈来愈多地被用于帮助高校提高学生保有率的工作。在笔者于 A 大学出任院校研究办公室主任之初，A 大学主管学生保有率工作的副校长麦吉博士(Dr. McGee)就提出利用回归分析预测高危流失学生的设想。建立回归方程的目的很明确：针对流失高危新生，建立一个“一帮一伙伴计划”。在新生入学的第一个学期，由教职工志愿者与具有高流失风险的学生结成一对一的伙伴。作为学生的“入学导师”，教职工志愿者定期与学生联系，了解学生的学习、生活、情绪状况，帮助学生与校内相关部门取得联系，从而获得专业、及时的帮助。虽然A大学规模不大，每年入学的一年级新生只有200人左右，但教职员工资源有限，一名志愿者只能帮助3～4名学生，故可以参加“伙伴计划”的学生总共只有50人左右。因此，如何准确地预测学生的流失概率，找到流失概率最高（即最需要帮助）的50名学生，是麦吉博士向笔者提出的第一个决策支持请求。

具体来说，麦吉博士要求院校研究办公室通过数据挖掘，利用学校已有的历史数据在短时间内准确地预测一年级新生的在大一学年结束后的流失风险值。由于研究表明很多学生往往在入学几周内就作出了转学或退学的决定，因此越早计算出学生的流失风险值就能越及时使高风险学生与“一帮一伙伴计划”的志愿者取得联系，从而更好地帮助学生解决学习和生活中的问题，最终提高一年级新生的保有率。麦吉博士给出的期限是在学生八月底入学后的6个星期内通过回归方程找出流失风险最高的50名新生。

选择自变量是建立回归方程的重要步骤。回归方程的假设之一是自变量x与因变量y或因变量的函数之间存在线性关系。另外，为避免遗漏与其他解释变量相关的重要解释变量导致的参数估计偏误，我们需要尽量正确地设定回归方程，让方程包括所有必要的变量。在寻找和确认必要变量时，需要首先寻求关于学生保有率研究的理论支持。美国高等教育研究中关于学生保有率的理论建构主要有以下三种：Tinto的交互影响理论模型、Bean的辍学模型，以及Kuh的学生参与模型。

在各种相关理论中，最广为引用的是Tinto的交互影响理论模型。Tinto认为，学生是否作出离校的决定可以用其与学习及生活环境的融合程度来预测。学生与学习环境（如课上经历及与教师的互动）和生活环境（如课外活动和与同学的关系）的融合度越高，学生越不容易作出离校的决定。Bean的辍学模型借鉴了人力资源中工作人员与雇佣单位的相互作用对工作人员的满意度及是否离职的影响的理论，将其引申为学生与大学教育环境的相互作用对学生满意度及是否离校的影响的理论。Kuh 是近年来在学生大学生活参与度研究领域中最有声望的学者。他创设的本科生大学参与度调查问卷每年吸引几千所大学的几百万名学生参与。以该调查研究为基础的关于学生参与度的研究被广泛认为对学生保有率有影响。Kuh 认为,一旦学生开始大学生活,其能否在大学中留存与发展的关键因素是其在有效教育活动中的参与程度。也就是说,如果学生参与有效教育活动的程度低,那么其更易与大学生活疏离,从而更可能最终在未完成学业的情况下离校。

建立最符合理论支持的预测学生流失率的模型显然应当包含学生参与各种课内外活动的情况,以及学生与同学、教师互动的情况。除理论外,了解学校情况的教职工也会提供某些学校特有的情况信息,如有的学校招收的外州学生多,思乡情切导致学生流失的情况严重,那么这所学校需要考虑的变量可以包括生源地情况。有别于偏重理论的高等教育研究,注重实践性和时效性的院校研究需要考虑决策者所关注的问题、数据提交的时间限制,以及学校数据库主要通过大学申请表收集到的学生信息。所以即使与保有率有关的理论模型明确提出需要某些类型的变量,在实际工作中可用于建模的变量却可能与模型提出的变量不同。利用回归方程预测学生流失风险的例子在美国院校研究中俯拾皆是。最常见的用于建模的变量包括以下几种:学生背景(性别、民族等)、学习能力(大学入学考试成绩、高中成绩等)、课业情况(选修专业、学分等)、校园经历(在校工作、是否住校、参与学校活动等)和经济需要(家庭收入、奖学金等)。这些数据都是学校在学生入学前或入学之初短期内可以收集到的。最理想的数据模型除了包括上述变量外,还可以通过开学初发放调查问卷收集数据库中不存在但理论或经验支持的变量,如与同学、教师互动的情况、对学校各方面的满意度等。

由于麦吉博士要求在几个月内建好回归模型,以期在秋季开学时便上马"一帮一伙伴计划",我们没有机会依据理论和经验开展调查问卷的数据收集,而只能将学校数据库中已有的数据用于建模。首先,要用历史资料建立数据库。由于 A 大学规模不大,每年入学的高中毕业生只有 200 人左右,为了能够得到足够多的原始数据用于建模,我们决定选用最近五年的数据,也就是 1 000 人左右的样本量。需要注意的是,A 大学每年入校的新生中还包括很大数量的转校生，那么为了获取更多的数据可不可以将转校生也归入数据库呢？我们不建议这样做，原因是“一帮一伙伴计划”针对的是高中毕业就入校的新生，他们与已有大学生活经历且已修完数目不等课程的转校生有很大的区别。这两类学生的是否会离校的回归方程汇总的解释变量及其预测系数可能会很不相同。为了能用最合适的回归方程更准确地预测高中毕业就进入 A 大学的新生一年后离校的可能性，最好用与他们背景类似的非转校生的数据建立回归方程。

在确定学生类型和入学年份后，要对各种变量进行数据挖掘，在成百上千的原始数据中筛选出可能对回归方程有用的变量。研究学生保有率的真实模型是非常复杂且未知的。即使理论及经验可以提供一些线索，但学生离校的真实原因是非常复杂、未知甚至随机的。如学生决定离校可能是因为思乡情切、感情问题、突然患病，或没有处理好与室友的关系等。由于美国高校的转校手续非常简单，而且转校生有时会比新生更容易获得录取机会，更可能会因转校生的身份获得大额奖学金，所以一些在中国大学生看来不值得转校的原因都可能促使美国大学生作出转校的决定。这就使选择回归方程中的解释变量困难重重。我们不妨这样理解：在本案例中，我们的目的不是建立一个包含各种与学生是否离校有因果关系的解释变量的回归方程，而是在大一新生入学后的短时间内利用学校数据库中已有的信息计算出每名学生离校的可能性。方程中的解释变量不一定是学生离校的原因，而是该校以往学生的特质所体现的可用于预测学生是否离校的变量。

根据理论基础、对本校情况及数据库的了解，以及外校对学生保有率的回归研究，我们可以将离校原因的搜索范围缩小至学生个人特质或背景、学习成绩、选课情况、校园经历、经济状况等几方面。将过去五年中的一年级新生在第二年是否返校作为因变量，取值 1 或 0(返校为 1，离校为 0)。判断各种变量可否用于预测学生是否返校的较快速的方法是用列联表分析和卡方检验检查自变量与因变量是否相关。如果某个变量与因变量显著相关，我们就可以将这个变量作为备选变量。但是需要注意的是，我们的目标是找到一组能更准确地预测学生是否离校的变量的回归方程，而某一个相关系数高的变量如果与其他变量组合后拟合程度不佳，该变量最后不一定会被选入方程。

检验变量间的相关性最简单直观的方法就是创建相关系数矩阵，其次是对皮尔逊相关系数或斯皮尔曼等级相关系数进行检验。皮尔逊分析方法更适合两个变量都是连续性变量的情况，而斯皮尔曼等级分析方法更适合两个变量都是分类变量或有一个变量是分类变量的情况。用 SPSS 软件创建相关系数矩阵比较简单。打开 SPSS 软件导入数据后，在工具栏处点击“分析(Analyze)”，选择“相关(Correlate)”，然后选择“双变量(Bivariate)”，再选择想要分析的变量，最后选择皮尔逊相关系数(或斯皮尔曼等级相关系数)。通过相关矩阵分析，我们发现连续变量奖学金数额与 ACT 数学成绩及学生一年后是否返校显著相关。经过对大量变量的探索性检验，以下变量与学生一年后是否返校的相关性较为显著：奖学金数额的皮尔逊相关系数是 0.171，p 值小于 0.001；ACT 数学成绩的皮尔逊相关系数是 0.99，p 值小于 0.001。

列联表分析和卡方检验可以提供各种情况出现的频率以方便读者对分类变量间的相关有更全面的认识。用 SPSS 软件分析的过程是在导入数据后，在工具栏处点击“分析(Analyze)”，选择“描述性分析(Descriptive Analysis)”然后选择“列联表分析(Crosstab)”再选择想要分析相关性的两个变量，最后点击“统计(statistics)”后选择卡方检验(Chi Square)”，如图 1 所示。

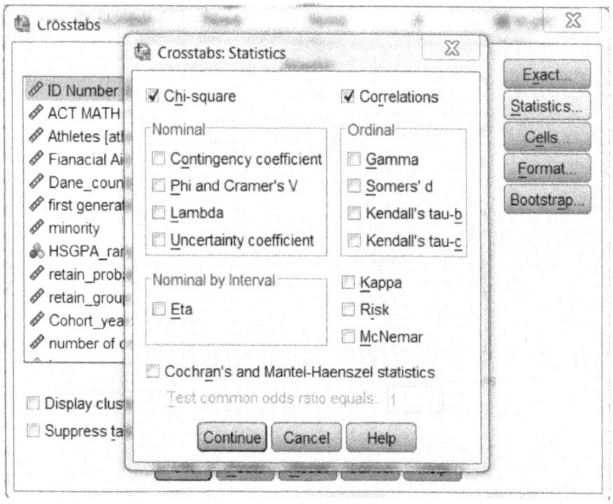

图 1 SPSS 逻辑回归列联表分析和卡方检验

根据表1中各变量与一年后返校情况的列联表分析可以得出：除了奖学金数额和ACT数学成绩外，自变量是否有天主教背景、是否是运动员、是否是家中第一代大学生、是否是本地生源、高中成绩的卡方检验的 p 值都小于0.05，因此应该拒绝原假设，即认为这些因素中各指标与是否返校之间有明显的相关关系，可以作为回归方程的备选变量。

表1　列联表分析和卡方检验结果

单因素分析表		一年后是否返校		χ^2	p 值
		是	否		
是否有天主教背景	是	598	148	—	—
	否	479	247	37.696	0.000
是否是运动员	是	232	56	—	—
	否	845	339	0.959	0.000
是否是家中第一代大学生	是	293	131	—	—
	否	784	264	5.005	0.025
生源地	本市生源	388	86	—	—
	外地生源	689	309	26.895	0.000
高中成绩	A	35	5	—	—
	A−	395	108	—	—
	B	410	163	—	—
	B以下	237	119	20.195	0.000
是否已确定专业	确定	717	249	—	—
是否住校	未确定	360	146	1.602	0.216
	住校	858	327	—	—
是否是少数民族	走读	219	68	1.791	0.207
	少数民族	100	42	—	—
	非少数民族	960	344	0.669	0.413

另外，有几个重要变量因为涉及校领导非常关心的某些重要的学生群体，即使相关性不显著，也需要在报告中向校领导作出特别说明。这些变量包括入校时是否已确定专业、是否住校和是否是少数民族。根据工作经验，麦吉博士认为，未确定专业的学生、非本市生源、走读生和少数民族学生，一

年级保留率会较低。但根据表 1 的分析结果可知，这几个变量与一年后的返校情况之间没有明显的相关关系，p 值都大于 0.05。因此，在对校领导作出说明后，这些变量不会被作为回归模型的备选变量。

用相关性显著的 7 个变量做逻辑回归分析，通过建立合适的模型，以期在大一新生入学时预测其一年后的返校情况。这 7 个变量包括：奖学金数额、ACT 数学成绩、是否有天主教背景、是否是运动员、是否是家中第一代大学生、是否是本地生源，以及高中成绩。首先将这些自变量放入模型中。用 SPSS 软件建立逻辑回归模型的过程是在导入数据后，在工具栏处点击"回归(Regression)"后选择"二分逻辑回归(Binary Logistic Regression)"，然后将一年后的返校数据放入因变量一栏(图 2)，再将备选的 7 个变量放入自变量一栏。最后设置回归方法，我们先选择最简单的方法——"Enter"，即将所有的变量一次性纳入方程。

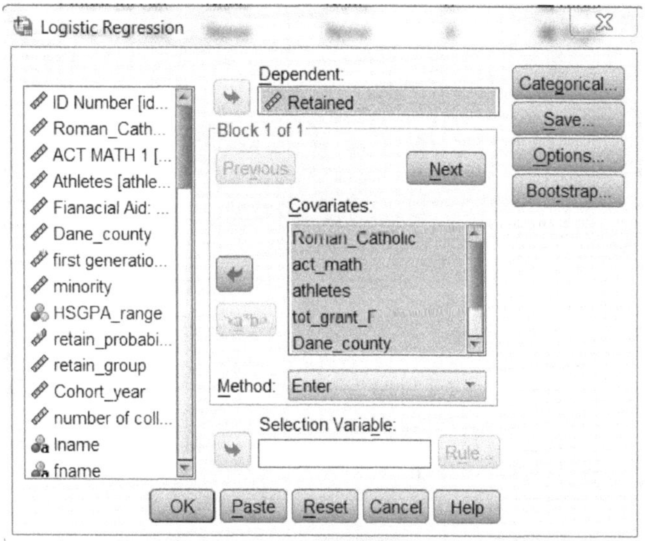

图 2 SPSS 逻辑回归分析步骤

表 2 是对回归系数进行检验。Logistic 回归系数与多元直接回归的系数检验不同，与多元线性回归系数采用 t 检验不同，逻辑回归系数的显著性检验采用的是 Wald 方法。从表 2 中可以看出，除高中成绩外，其他变量的回归系数都通过了显著性检验(p 值小于 0.05)。去掉高中成绩后，得到

表 3 中新的回归模型：

表 2　逻辑回归初步模型

变量	回归系数	标准差	Wald	p 值
常数项	−1.448	0.536	7.311	0.007**
天主教背景	0.763	0.131	34.047	0.000***
ACT 数学成绩	0.057	0.018	9.716	0.002**
运动员	0.550	0.171	10.333	0.001**
奖学金额度	0.000 078	0.000 013	35.080	0.000***
本地生源	0.754	0.144	27.442	0.000***
第一代大学生	−0.288	0.138	4.357	0.037*
高中成绩	−0.072	0.084	0.741	0.389

显著性："***"代表 $p<0.001$；"**"代表 $p<0.01$；"*"代表 $p<0.05$。

表 3　逻辑回归最终模型

变量	系数	标准差	Wald	p 值	Exp(B)	B 的 95% 置信区间上限	B 的 95% 置信区间下限
常数项	−1.565	0.365	18.401	0.000***	0.209	—	—
天主教背景	0.765	0.130	34.354	0.000***	2.148	1.664	2.774
ACT 数学成绩	0.059	0.017	11.818	0.001**	1.061	1.026	1.098
运动员	0.550	0.171	10.385	0.001**	1.734	1.241	2.424
奖学金额度	0.000 086	0.000 012	48.556	0.000***	1	1	1
本地生源	0.753	0.144	27.224	0.000***	2.124	1.601	2.819
第一代大学生	−0.335	0.139	5.791	0.016*	0.715	0.544	0.940

显著性："***"代表 $p<0.001$；"**"代表 $p<0.01$；"*"代表 $p<0.05$。

在新的回归模型中，一些变量的显著性有所提升，且所有变量的回归系数都通过了显著性检验。那么该回归模型的显著性是怎样呢？模型系数的混合检验给出卡方 chi-square 值及其自由度，以及 p 值，即 Sig 值。从表 4 的结果可知，Sig 值小于 0.001。如果显著性水平为 0.05，应当拒绝零假设，6 个变量与 LogitP 之间的线性关系显著，该模型是整体有效的。

表 4　逻辑回归模型摘要

—	卡方	*Df*	Sig.
步骤	158.151	6	0.000
区组	158.151	6	0.000
模型	158.151	6	0.000

从模型摘要中可知，最大似然平方的对数值（－2loglikelihood）为1 554.089，Cox-Snell 拟合优度为 0.102，Nagelkerke 拟合优度值为 0.148。Hosmer 和 Lemeshow 检验结果显示，卡方值为 9.333，自由度为 8，Sig 值为0.315。Sig 值大于 0.05，所以我们不能拒绝观测值和预测值之间无显著区别的假设，也就是说观测值与预测值没有显著区别，该模型的拟合度较好。

另外，表 5 所示的判错矩阵表是直观的评价模型优劣的方法，通过预测值和观测值的矩阵表展现其吻合程度。切割值为 0.5 意味着如果预测概率值大于 0.5，则预测学生会返校（预测值为 1）；如果预测概率值小于 0.5，则预测学生会离校（预测值为 0）。在实际返校的学生中，该模型正确识别了1 021 人，正确率为 94.8%；在实际离校的学生中，该模型正确识别了 69 人，正确率为 17.5%。该模型的整体预测准确率为 74%。请注意，切割值是可以调整的，但调整结果并不影响模型的整体效果，只是需要人为调整矩阵表中的准确率。

表 5　逻辑回归判错矩阵表

观测值		预测值		
		返校情况		正确率
		离校	返校	
返校情况	离校	69	326	17.5%
	返校	56	1021	94.8%
总正确率	—	—	—	74.0%

注：切割值是 0.5。

通过以上分析可知，该回归模型的预测效果较为理想。根据回归系数结果，我们可以写出以下逻辑回归方程：

$p/(1-p)=\exp(-1.565+0.765*$天主教背景$+0.059*$ACT 数学成绩$+0.55*$运动员$+0.000\,086*$奖学金数额$+0.753*$本地生源$-0.335*$家中第一代大学生$)$

根据该方程我们可以计算出大一新生一年后离校的可能性。麦吉博士选择将离校可能性最高的 50 名学生纳入“一帮一伙伴计划”。志愿参加的教职工定期与这些有高离校风险的学生沟通，了解他们在学习生活中遇到的困难，并尽力联系学校相关部门为学生解决困难。一年后，当我们得到学生返校的真实数据时，将学生是否返校的预测值与实际观测值做了对比。除离校风险最高的参与“一帮一伙伴计划”的 50 名学生外，我们按照离校的可能性由高到低将其他学生分为五组，结果显示，离校可能性高的组的实际离校率也较高，这个方法直观地显示出回归方程的预测效果。更让麦吉博士高兴的是，参加“一帮一伙伴计划”的 50 名学生的实际离校率要比预测离校率低很多，甚至比预测离校率低于他们的小组还要低。这让麦吉博士看到了院校研究办公室的努力的回报，坚定了继续“一帮一伙伴计划”的决心，并决定在第二年扩展该计划，将参与计划的人数由 50 人提升至 80 人。麦吉博士充分肯定了院校研究办公室利用回归分析在促进“一帮一伙伴计划”顺利执行中发挥的重要作用。在院校研究员的手中，一组组枯燥的统计数据转变为能够切实帮助一个个大一新生的“秘密武器”，没有什么比这更令人兴奋。

利用路径分析和结构方程模型分析大学生兄弟会对学生健康的影响

刘　敏

内容提要　本文通过分析两个具体的案例来进一步探讨怎样在院校研究中应用路径分析模型和结构方程模型。读者将会对如何在实际中根据理论构建模型，在统计软件的帮助下识别估计模型，根据模型拟合结果和理论指导修正模型，以及最后输出和解释模型的整个分析过程有更加具体清晰的了解。

关键词　路径分析　结构方程模型　大学生健康和兄弟会

1. 路径分析模型实例

2012 年 9 月，美国有线电视新闻网(Cable News Network，CNN)报道，田纳西大学的兄弟会成员用酒精灌肠导致住院就医①；几个月后，一名西伊利诺伊大学兄弟会成员非正常死亡，体内酒精含量超过正常指标的 5 倍[1]；

① 参见 http://www.cnn.com/2012/09/26/us/tennessee-fraternity-suspended/index.html#.UGTl5JQJlbk.blogger。

2013年12月12日，美国哥伦比亚广播公司电视台(Columbia Broadcasting System，CBS)报道，纽约市立大学一名华裔新生在宾夕法尼亚州参加某兄弟会的入会仪式后死亡①。2014年2月，《大西洋月刊》(*The Atlantic*)以“兄弟会的黑暗力量”为题发表了其为期一年的调查的结果，认为兄弟会及其成员对大学生的健康行为有着广泛的负面影响。② 兄弟会是美国大学生活的一个独特的组成部分，它源于19世纪后半期，20世纪初在美国大学校园中已普遍存在。最近的研究表明，这个组织有一定的正面影响，如在提高学生的领导才能、增强学生的自尊心和社会联系方面；但是，其主体特征还是表现为酗酒、吸毒、仇视外国人和性别歧视的倾向[2-5]。

Collins和Liu[6]首次用美国全国性的数据来定量研究兄弟会对大学生滥用药品和其他与健康相关行为的影响，因此，研究者研究的问题是隶属兄弟会和住在兄弟会宿舍对大学生的一系列与健康相关行为的影响，如暴力行为、酗酒、抽烟和吸大麻，以及感染传染性性病等。这个研究结果对于美国高校的决策有一定的指示作用。

上述美国全国性的数据来自美国大学生健康协会(American College Health Association)开展的一年两次的全国大学生健康评估(National College Health Assessment)。为了交叉检验(cross-validation)研究的结果，我们采用了2006—2008年的三组数据，它们的样本量分别是94806、71860和80121。简单来说，数据采集的方式就是从自愿参与评估的院校中随机抽取学生和班级。过去的研究已经说明这些数据的信度和效度及代表性[7-9]。

本文使用的控制变量有年龄(age)、性别(gender)，以及是否是全职学生(fulltime student status)。滥用药物的研究变量包括抽烟(cigarette)、饮酒(alcohol)和吸大麻(marijuana)。这三个变量的测量采用李克特(Likert)八分量表法，提出了具有相同结构的问题：“在过去的30天里，有多少天你接触了烟/酒/大麻?”暴力行为(fight)和性病(STD)的测量使用的都是二元变量，问卷问题是：“在过去的一学年里，有没有实施暴力行为?”“在过去的一

① 参见http://www.cbsnews.com/news/nyc-college-freshman-dies-in-pa-fraternity-ritual/。

② 参见http://www.theatlantic.com/features/archive/2014/02/the-dark-power-of-fraternities/357580/。

学年里，有没有得过性病？”关于这些变量的描述统计结果（至少包括均值、偏态、峰度、关联系数及缺失数据的比例和特点）就不一一列举了。在 SEM 分析中，准备和描述数据是必不可少的一环，对于数据特点的判断直接影响之后的路径分析，大家可参阅 Malone 和 Lubansky 的《做好功课：为结构方程模型准备数据》（“Doing Your Homework: Preparing Data for Structural Equation Modeling”）[10]。如果有大量的缺失数据，那么读者可参阅 Graham 和 Coffman 的《含缺失数据的结构方程模型》（“Structural Equation Modeling with Missing Data”）[11]来学习怎样处理 SEM 分析中的数据缺失问题。

根据理论假设，我们可以画出路径图（图 1），完成 SEM 分析中的第一步——界定模型。图中 3 个自变量（年龄、男性和全职）与 5 个因变量（抽烟、饮酒、抽大麻、暴力行为和性病）都有关联。此外，两个变量（兄弟会和兄弟会宿舍）既是自变量又是因变量，也被视为中介变量（mediator），因为它们是在因变量和自变量间扮演中继的角色。基本上所有介绍 SEM 的书籍都强调相关性不代表因果关系（correlation doesn't imply causation）。但在 SEM 中，普遍认为相关性包含因果关系，相关变量之间可能存在因果关系。基于理论假设的合理的分析结果，相关关系可以推导出因果关系。根据 Bollen[12]所述，因果关系必须具备两个前提条件：①因果关系的自变量和因变量之间有明确的前后时间关系，即因变量发生在前，自变量发生在后。②在隔离其他因素的影响后，因变量和自变量之间有很强的相关性。如果两个变量具有明确的前后关系，如性别会影响数学的自我效能（math self-efficacy），而反过来不成立，则有助于建立因果关系。如果前后关系不明确，那么理论上需要依赖追踪数据来建立因果关系。但实际上，多数数据都是同时测量获得的，因此根据同时性数据建立的因果关系理论支持必不可少。基于这个原则，根据前人的研究，我们假设图 1 中的自变量对因变量有单向的因果关系，正如图中的单向箭头所示。另外，我们不能排除自变量之间及因变量之间的相关性，所以图 1 中的双向箭头（主要集中在图 1 的左侧和右侧）代表变量之间的相关性。另外一个问题是，如何排除和控制其他变量的影响，使得因果关系的存在具有稳定性和有效性？路径分析的一个很大的优点在于其能够方便且精确地控制其他变量，从而观察和明确自变量对因变量的影响，因此在实验研究不可得的情况下，路径分析或结构方程模型可以用来研究复杂的多变量之间的共变关系。图 1 中我们所感兴趣的自变量是兄弟会及兄弟会宿舍对大学生健康行为的影响，但我们同时也考虑了其他共变量(covariate)的影响，如年龄、性别和全职学生状态。之所以将它们称为共变量是因为它们都有可能对各种健康行为产生影响。由此可见，路径分析在分析复杂的中介效应时有很方便的优势。我们的这个模型就包括两个中介效应(mediation effect)。详细的关于中介效应的研究方法，读者可参阅 Baron 和 Kenny 的《社会心理学研究中的调节——中介变量区分、概念、策略和统计考量》("The Moderator-mediator Variable Distinction in Social Psychological Research: Conceptual, Strategic and Statistical Considerations")[13]、Wu 和 Zumbo 的《理解和使用中介变量》("Understanding and Using Mediators and Moderators")[14]，这里限于篇幅就不论述了。

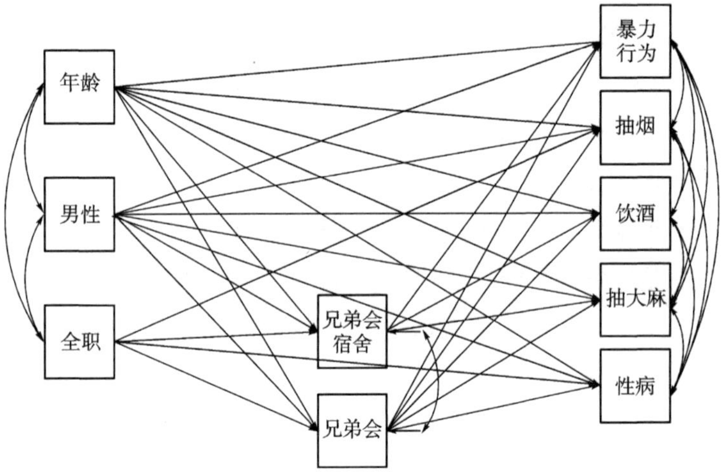

图 1　研究兄弟会对大学生健康行为影响的路径图[6]

图 2 展示了如何在 Mplus 中运行模型的语法逻辑。

模型评估之后需要评估模型拟合效果的好坏。由图 3 提供的模型拟合参数可见，模型和 2007 年的全美数据拟合得很好：CFI=1，TLI=0.998，WRMR(the Weighted Root Mean Square Residual，即加权残差均方根指数，

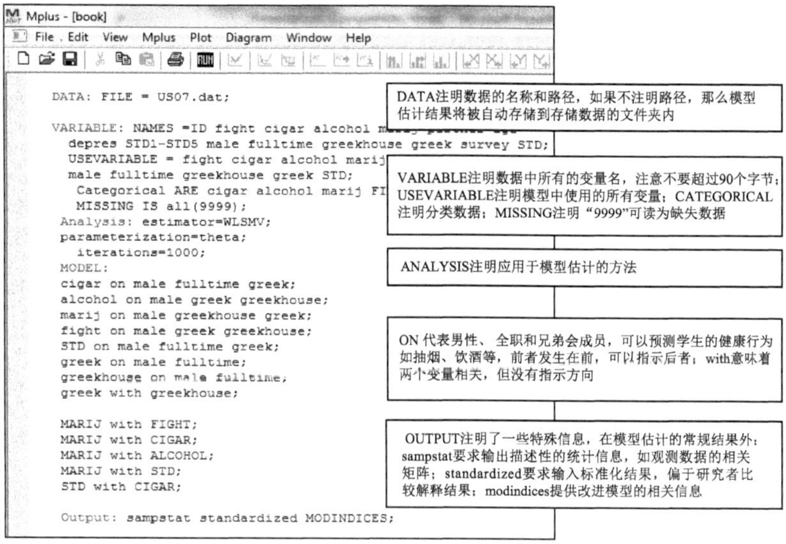

图 2　路径分析的 Mplus 语法范例

```
MODEL FIT INFORMATION

Number of Free Parameters                        57

Chi-Square Test of Model Fit

          Value                               23.728*
          Degrees of Freedom                      5
          P-Value                            0.0000

*   The chi-square value for MLM, MLMV, MLR, ULSMV, WLSM and WLSMV cannot be used
    for chi-square difference testing in the regular way.  MLM, MLR and WLSM
    chi-square difference testing is described on the Mplus website.  MLMV, WLSMV,
    and ULSMV difference testing is done using the DIFFTEST option.

RMSEA (Root Mean Square Error Of Approximation)

          Estimate                            0.008
          90 Percent C.I.                     0.006  0.012
          Probability RMSEA <= .05            1.000

CFI/TLI

          CFI                                 1.000
          TLI                                 0.998

Chi-Square Test of Model Fit for the Baseline Model

          Value                           85145.286
          Degrees of Freedom                     35
          P-Value                            0.0000

WRMR (Weighted Root Mean Square Residual)

          Value                               0.668
```

图 3　Mplus 输出的模型拟合的结果

小于 0.9 代表模型拟合好）＝0.668，RMSEA＝0.008 及它 90％的置信区间为[0.006，0.012]，并且 RMSEA 小于或者等于 0.05 的概率是 1（也就是说 RMSEA 的值确认非常小）。所有这些正面的信息都告诉我们模型和数据拟合得非常好。

估计出的模型参数如图 4 所示，只包括统计显著性的那些关系。图 1 中的年龄变量因为不显著而被排除在外。我们可以看到，男生更倾向于抽烟、饮酒、抽大麻，更多地实施暴力行为，但他们感染传染性性病的概率比女生要小些。全职学生抽烟和感染性病的概率要小些。我们主要感兴趣的变量，隶属兄弟会对学生有害健康的行为有着小而一致的鼓动作用（对于实施暴力行为、抽烟、饮酒、抽大麻和感染性病，隶属兄弟会的标准化回归系数分别为 0.22、0.14、0.44、0.19 和 0.09，$p < 0.001$①）。与非兄弟会成员相比，兄弟会成员更可能会得性病、实施暴力行为、抽烟、饮酒和抽大麻。住在

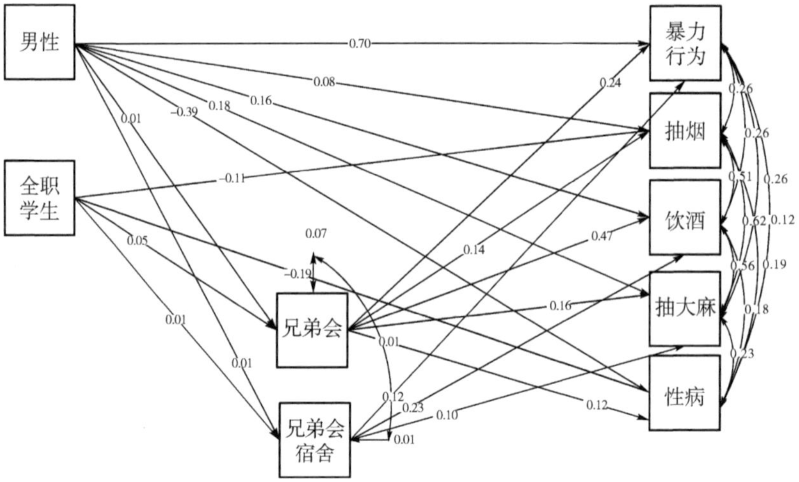

图 4　根据 2007 年数据估计模型参数的结果

① 这篇研究对三组大型数据分别进行了统计分析，过程中用了更保守严格的 $p < 0.001$ 来得到更有说服力的结果。但有两个例外：在 2006 年和 2008 年的数据中，隶属兄弟会可以显著地预测性病，$p < 0.01$；在 2007 年的数据中，住在兄弟会宿舍也可以显著地预测实施暴力行为，$p < 0.05$。

兄弟会宿舍的大学生实施暴力行为、饮酒和抽大麻的概率（标准化回归系数）分别为 0.21、0.20、0.14，$p<0.001$。这些研究的结果我们用 2006 年和 2008 年的数据做了验证，结果非常一致，因此这里就不赘述了。

可决系数又称决定系数（R squared），是在样本范围内用回归来预测被解释变量的好坏程度，代表着被解释的方差（explained variance）与总方差（total variance）的比率，越大越接近 1，说明回归拟合得越好。在这篇文章中需要说明的一个问题是，每种对健康有害行为的解释并不完美，因为解释实施暴力行为、饮酒、抽大麻、感染性病和抽烟的决定系数分别为 10.7%、2.3%、1%、3.6%和 0.4%，如图 5 所示。因此，这个模型并没有捕捉到被解释变量的绝大多数的方差和协方差，这个结果我们认为是合理的。换句话说，主要决定这些行为的因素，如家庭背景、滥用药物的倾向、心理因素和好奇心，数据中没有相关信息。但是，这个小的决定系数仍然对于变量间的显著关系有重要的指示意义。正因为我们担心这个统计显著的结果是大样本造成的，而不具有实际的意义，我们用 2006 年和 2008 年的数据复核了模型，得到了同样的结果，更加保守的 $p<0.001$ 说明这个结果在实际数据中是非常一致的，而不是统计技术的假象。图 5 Mplus 输出的是有关被解释变量的决定系数。

R-SQUARE

Observed Variable	Estimate	S.E.	Est./S.E.	Two-Tailed P-Value	Scale Factors
FIGHT	0.107	0.004	26.362	0.000	0.998
CIGAR	0.004	0.001	6.374	0.000	0.999
ALCOHOL	0.023	0.001	15.547	0.000	0.991
MARIJ	0.010	0.001	10.800	0.000	0.999
RESIDENT	0.001	0.000	3.015	0.003	
GREEK	0.002	0.001	4.508	0.000	
STD	0.036	0.004	10.240	0.000	1.000

图 5　因变量的可决系数

2. 结构方程模型分析实例

同时具备路径分析和验证性因素分析的综合分析被称为结构回归模型

(structural regression models)[15]，也可以理解为完整的结构方程模型。一方面，路径分析会忽略抽象概念测量中不可避免的误差，而因素分析的潜变量分析技术可以弥补路径分析的这一不足。而另一方面，路径分析中因果关系的分析，弥补了因素分析中只能研究测量变量和潜变量关系的局限，因果关系的研究延伸到测量变量之间及测量变量和潜变量之间。因此，结构方程模型有取代路径分析的优势，成为最重要的一般化模型[16]。这个模型分析的基本过程与前面的路径分析类似，下面我们举例说明。

Leong 和 Liu[17]采用了一组包括 17 个问题的经过改编的测量工具来检测一个理论概念的三个构成部分。一般认为，基于问题的学习（Problem-Based Learning, PBL）由三个方面组成：解决实际问题的学习（Real World Problem-driven Learning, RWP）、自我指导的学习（Self-Directed Learning, SDL）和合作学习（Collaborative Learning, CL）。因为这个改编版的问卷还没有经过验证，研究的第一个任务就是用观测数据去检测这个抽象概念的理论构成是否成立，也就是说，我们要研究这个测量模型是否正确。图 6 中左边三个潜变量模型就是测量模型，它可以由验证性因素分析来检验（CFA）。我们的第二个需要研究的是这个抽象概念所包括的三个维度对学生对课程的满意程度的影响，找出哪一个维度对学生的满意程度有最强的指示作用。将 PBL 和学生满意程度的因果关系加入原有的因素分析模型，就可以得到一个完整的结构方程模型，如图 6 所示。

有 108 名大学生签字同意参与这项研究，基于自愿的原则完成问卷。大部分学生来自夏威夷州，部分来自美国本土。简单来说，一半以上的参与者是女性，是在社区大学注册的学生，他们没有或者只有很少的 PBL 的学习经验。

所有的变量都使用了李克特五分量表法来进行分析。CFA 和 SEM 分别应用问卷数据来研究我们关心的两个问题。CFA 被视为 SEM 的一个特例，适用于研究或确认复杂抽象概念的结构组成，如这里的基于问题的学习能否被三个维度合理描述。SEM 适用于研究潜变量之间的因果关系，如基于问题的学习的三个维度对学生满意程度的影响。根据描述统计的结果，数据不符合多元正态分布，所以最大似然估计没有用于估计模型参数，抗差

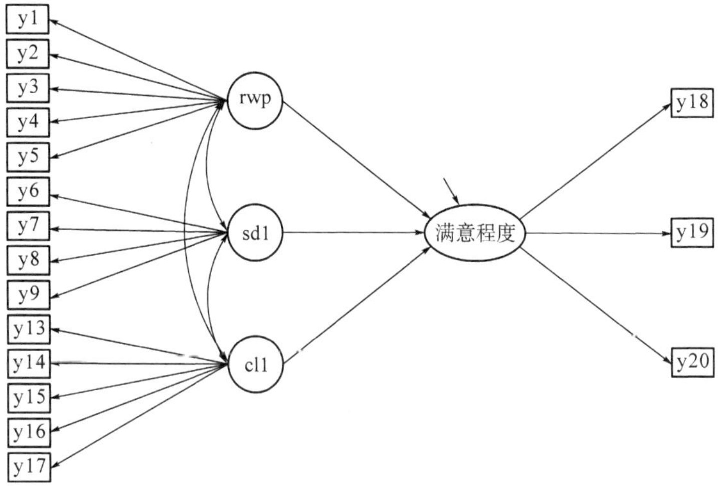

图 6　结构方程模型的路径图范例：基于问题的学习对学生满意程度的影响

加权最小二乘法(WLSMV)再次应用于模型估计。

CFA 模型拟合结果显示，三维的测量模型与这组数据拟合得很好，TLI＝0.99，CFI＝0.99，WRMR＝0.60，RMSEA＝0.07 及 90％的置信区间[0.04，0.09]，并且 RMSEA 有 0.14 的概率＜0.05。所有的证据证明这个模型是可以接受的。如图 7 所示，检查 Mplus 输出结果中的修正指标(Modification Indices，MI)，我们发现如果增加从 SDL 到 Y4 的路径，卡方值将会降低 17.24，可以提高模型拟合数据的程度。但是，鉴于实际中大部分研究者倾向于抽象概念具备简单的维度结构，我们不打算采用这种交错的因素负荷，因为我们的模型拟合结果很好，不需要过分适用于观测数据。当然，在其他的情况下我们作出的决定也许不同，总而言之，要综合理论解释和统计指向来作决定。

图 8 提供了标准化 CFA 模型参数的结果。我们做了信度分析来检验这个测量工具的内部一致性。针对这几个潜变量的传统的克隆巴赫系数均在 0.90 以上，这意味着这三个抽象概念具有很高的信度。因素负荷的符号和大小及因素之间的关联系数与我们的期望值相符合。另外，每个概念被与

```
MODEL MODIFICATION INDICES

Minimum M.I. value for printing the modification index     10.000

                                   M.I.     E.P.C.  Std E.P.C.  StdYX E.P.C.

ON/BY Statements

Y4         ON SDL      /
SDL        BY Y4              17.243      0.727       0.617         0.617

ON Statements

RWP        ON Y4              12.912     -0.120      -0.131        -0.131
SDL        ON Y4              15.119      0.106       0.125         0.125
Y1         ON Y2              10.648      0.122       0.122         0.122
Y2         ON Y1              10.648      0.122       0.122         0.122
Y4         ON Y8              14.482      0.123       0.123         0.123

WITH Statements

Y2         WITH Y1            10.648      0.122       0.122         0.580
Y4         WITH RWP           12.913     -0.120      -0.131        -0.316
Y4         WITH SDL           15.118      0.106       0.125         0.302
Y8         WITH Y4            11.012      0.121       0.121         1.260
```

图 7　Mplus 输出结果中关于如何改进模型的统计信息

其相关的观测变量解释的方差比例都在 0.75 以上。这些统计证据都支持这些概念有效度。

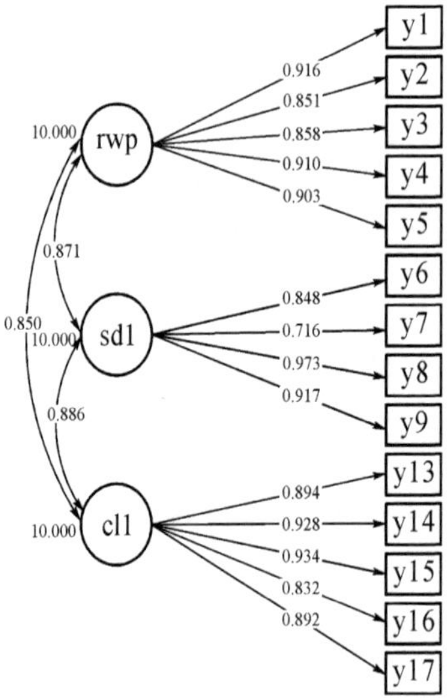

图 8　CFA 模型估计的参数

综合前面的信息，我们验证了测量模型，完成了完整的结构方程模型分析的第一步。在此基础上，我们用结构模型来比较 PBL 的三个维度对学生对课程的满意度的影响，完成了完整的模型分析的第二步。建议读者在取得合理的测量模型之后再对结构模型参数进行估计，这样有利于诊断模型出现的问题。SEM 分析的模型拟合结果在此支持了假设模型适用于这组数据：TLI＝0.99，CFI＝0.99，WRMR＝0.64，RMSEA＝0.07 及 90%的置信区间[0.05，0.09]，并且 RMSEA＜0.05 的概率是 0.06。SEM 模型估计的结果如图 9 所示。我们发现只有解决实际问题和合作学习对学生的满意度有显著的影响，而学生自主学习对学生的满意度没有明显的影响，这些结果采用的都是 0.05 的显著水平。

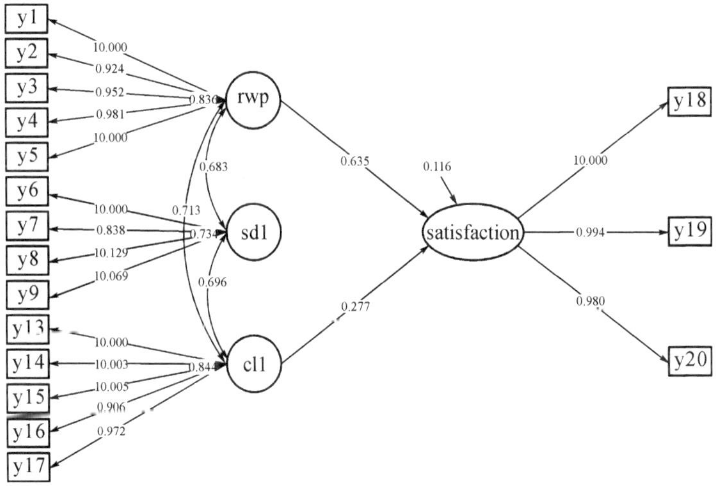

图 9　SEM 模型估计的参数

3. 结语

SEM 的分析是一个复杂的过程，但随着计算机技术的发展和方便且强大的软件不断推出和更新，如 MPLUS、LISREL、EQS、AMOS 等，研究者和实践者不需要太深入了解 SEM 的原理就能够应用这门技术。值得强调的是，研究者和实践者需要整合理论和统计信息作出最佳选择。结构方程模型主要用来检验特定的假设模型，通过理论推导和文献梳理找到相关变量，提出合理的变量间的假设关系，最后构建一个完整的假设模型，是 SEM 分析中最艰难且最重要的一环。SEM 是一个统计方法，而不是产生新的理论和知识的工具，因此在实际中，过度依赖技术指标，完全没有理论根据地修改模型是不被提倡的。另外也要避免过度延伸结论。即使找到了很好的适合一组样本数据的模型，也不能排除其他代替模型的存在，这些代替模型有可能同样甚至更加适用于这组数据，所以实际中如果有不同的理论同时存在，那么最好能够比较基于理论的不同的模型，来找到最优解。但是，即使是这个最优模型，也不一定就是正确的，因为与单独一组数据相符，并不意味着与实际状况吻合，有可能这个模型完全不适用于新的样本数据。因此，如果样本量足够大，那么做交叉检验有利于复核模型的有效性。

参考文献

[1] RELERFORD M, LUTZ B J. 13 NIU students surrender after death of fraternity pledge[EB/OL]. (2012-12-18) [2021-10-21]. http://www.nbcchicago.com/news/local/NIU- Students-Surrender-Hazing-Fraternity-Pledge-183968021.html#ixzz2WbRL13hP.

[2] ASTIN A W. What matters in college? Four critical years revisited[M]. San Francisco: Jossey-Bass, 1993.

[3] BAER J S. Student factors: understanding individual variation in college drinking [J]. Journal of Studies on Alcohol, 2002(14): 40-53.

[4] BOGLE K A. Hooking up: sex, dating, and relationships on campus[M]. New York: New York University Press, 2008.

[5] SANDAY P R. Fraternity gang rape: sex, brotherhood, and privilege on campus[M]. New York: New York University Press, 2007.

[6] COLLINS C S, LIU M. Greek environments: an update on the effects of fraternities and sororities on health-related behaviors[J]. Journal of College and Character, 2014(15): 87-102.

[7] American College Health Association. National College Health Assessment: generalizability,

reliability, and validity assessment[R]. Baltimore: ACHA, 2001.

[8] LEINO E V, KISCH J. Correlates and predictors of depression in college students: results from the spring 2000 National College Health Assessment[J]. American Journal of Health Education, 2005(36): 66-74.

[9] HARRING H A, MONTGOMERY K, HARDIN J. Perceptions of body weight, weight management strategies, and depressive symptoms among US college students [J]. Journal of American College Health, 2010(59): 43-50.

[10] MALONE P S, LUBANSKY J B. Doing your homework: preparing data for structural equation modeling[M]// HOYLE R H. Handbook of structural equation modeling. New York: Guilford Press, 2012: 263-276.

[11] GRAHAM J W, COFFMAN D L. Structural equation modeling with missing data [M]//HOYLE R H. Handbook of structural equation modeling. New York: Guilford Press, 2012.

[12] BOLLEN K A. Structural equations with latent variables[M]. New York: John Wiley & Sons, Inc., 1989.

[13] BARON R M, KENNY D A. The moderator-mediator variable distinction in social psychological research: conceptual, strategic and statistical considerations[J]. Journal of Personality and Social Psychology, 1986(51): 1173-1182.

[14] WU A D, ZUMBO B D. Understanding and using mediators and moderators[J]. Social Indicators Research, 2008, 87(3): 367-392.

[15] RAYKOV T, MARCOULIDES G A. A method for comparing completely standardized solutions in multiple groups[J]. Structural Equation Modeling, 2000(7): 292-308.

[16] 邱皓政,林碧芳.结构方程模型的原理与应用[M].北京:中国轻工业出版社,2009.

[17] LEONG P, LIU M. An empirical investigation of the impact of the dimensions of problem-based learning on student satisfaction[EB/OL]. (2013-03-27) [2021-10-21]. http://digitalcommons.georgiasouthern.edu/sotlcommons/SoTL/2013/69.

附录一

统计学专业术语中英文对照表

水晶报表：Crystal Reports

《学术界》杂志：*Academe*

AIC 指数：Akaike Information Criterion

BIC 指数：Bayesian Information Criterion

CFI 指数：Comparative-Fit Index

SBIC 指数：Sample-Size Adjusted BIC

TLI 指数：Tucker-Lewis Index

饱和模型：saturated model

被解释的方差：explained variance

比率变量：ratio variable

变量：variable

标准化残差均方根指数：standardized root mean square residual

标准化回归系数：standardized regression coefficient

标准回归系数：standardized coefficients

标准误差：standard error

标准效度：criterion validity

残差：residual

测量尺度：level of measurement
测量误差：error score
常数：constant
充分识别模型：just-identified model
定量变量：quantitative variable
多变量正态分布：multivariate normality
多层线性模型：hierarchical linear models
多元线性回归分析：multiple regression
多元正态分布：multivariate normal distribution
二分逻辑回归：Binary Logistic
方差：variance
非标准化回归系数：unstandardized coefficients
非线性回归：non-linear regression
非运营收入：non-operating revenues
分类变量：categorical variable
分类数据：categorical data
分析型数据：analytical data
峰度：kurtosis
复本信度：parallel forms reliability
高等教育综合数据系统：The Integrated Postsecondary Education Data System，IPEDS
共变量：covariate
构想效度：construct validity
估计系数：estimated parameter
关联系数：correlation coefficient
观测值：observed score
归并变量：censored variable
过度识别模型：over-identified model
回归分析：regression analysis

回归模型：regression model
回归平方和：regression sum of squares
回归平面：regression plane
回归系数：regression coefficient
混合模型：mixture models
集中趋势：central tendency
计数变量：count variable
加权残差均方根指数：weighted root mean square residual
加权最小二乘法：weighted least squares
间隔变量：interval variable
渐进分布自由估计：asymptotically distribution-free estimators
交叉检验：cross-validation
结构方程模型：structural equation modeling
均值：mean
卡方检验：Chi-square test
抗差加权最小二乘法：weighted least squares with mean and variance adjustment
可决系数(又称决定系数)：R squared
克隆巴赫系数：Cronbach's alpha
李克特量表：Likert scale
列联表分析：crosstabs analysis
路径分析：path analysis
路径图：path diagram
逻辑回归：logistic regression
美国大学教授协会：American Association of University Professors
美国高校教授工资调查：Faculty in Higher Education Salary Survey
美国高校专业人才协会：College and University Professional Association, CUPA
描述性统计学：descriptive statistics

名义变量：nominal variable

模型估计：model estimation

模型界定：model specification

模型拟合评估：model fit assessment

模型识别：model identification

模型修改：model modification

内容效度：content validity

内在一致性信度：internal reliability

拟合度：goodness of fit

偏态：skewness

平方均值估计残差根系数：Root Mean Square Error of Approximation，RMSEA

平均数：mean

潜变量路径分析：latent variable path analysis

缺失数据：missing data

剩余平方和：residual sum of squares

识别不足模型：underidentified model

属性：attribute

通用数据集：Common Data Set，CDS

统计功效：statistical power

投资收益：investment interests

推断性统计学：inferential statistic

无加权最小二乘法：unweighted least squares

显著性检验：significance test

线性回归：linear regression

相关系数矩阵：correlation coefficient matrix

详尽的：exhaustive

销售和服务：sales and services

效度：validity

信度：reliability

学生保有率：student retention rate
学生参与度：student engagement
学杂费：tuition and fees
研究项目和合同：grants and contracts
验证性因素分析：Confirmatory Factor Analysis，CFA
样本量：sample size
一般化最小二乘法：generalized least squares
一元线性回归分析：simple linear regression
已经获得终身制身份的教授：tenured faculty
因变量：dependent variable
有序变量：ordinal variable
院校研究通用数据：institutional research common metrics
院校研究智能：Institutional Research Intelligence
运行数据：operational data
运营收入：operating revenues
真实值：true score
直接效应：direct effect
中介变量：mediator
中介效应：mediation effect
中位数：median
终身制：on tenure track
众数：mode
重测信度：test-retest reliability
自变量：independent variable
自由度：degree of freedom
总方差：total variance
最大似然估计：maximum likelihood estimation
最小二乘法：ordinary least squares

附录二

编著者简介

钟之阳博士：

同济大学高等教育研究所硕士生导师，同济大学创新创业教育研究中心副主任，上海市产业创新生态系统研究中心研究员，同济大学教育现代化研究中心(里瑟琦智库)研究员。毕业于北京理工大学管理科学与工程专业，获管理学博士学位。德国汉诺威大学和帕德伯恩大学访问学者。长期从事高等教育管理与创新创业的教学与研究工作，《亚太创新创业学刊》(*Asia Pacific Journal of Innovation and Entrepreneurship*)审稿人，主持和参与国家自然科学基金、教育部人文社会科学基金、全国教育科学规划课题等多项国家级、省部级和国际合作研究项目多项，在国内外各类出版物发表多篇论文。

曹小兵博士：

北京第二外国语学院学士，美国密苏里大学硕士，美国华盛顿州立大学博士。博士毕业后在美国太平洋大学从事研究和教学工作。2000 年参与创建了太平洋大学第一所院校研究办公室。现任该大学院校研究办公室高级研究员并被聘为该校客座讲师，教授研究方法和统计学两门课程。曾任中国海外院校研究学会 2013—2014 届主席。曾在美国院校研究学会(American

Institute for Research，AIR)上做过十余次演讲，并在学术期刊上发表了3篇有关青年人社会化的文章。在统计学、社会调查、数据库管理等方面有着权威性的经验。

刘敏博士：

于2011年在美国马里兰大学获得测量统计和评估专业统计学博士学位。现于夏威夷大学教育心理学系任副教授。教授初级和高级研究生统计课程，包括结构方程模型和多层线性模型。自2010年以来一直研究深造研究方法和统计学，早在攻读博士时就已在研究方法上有所成就。发表了多篇有关研究方法及其应用的文章，并在《结构方程模型手册》上发表了关于结构方程采用自举技术建模的文章。

张杨博士：

现任美国夏威夷大学院校研究与评估办公室主任，曾任威斯康星艾治伍德大学院校研究及评估办公室主任(2008—2012年)，波士顿斯通希尔大学院校规划及研究办公室助理主任(2005—2008年)。师从威斯康星大学麦迪逊分校前校长John Wiley博士获得威斯康星大学高教管理及政策分析博士学位。其他学位包括：威斯康星大学密尔沃基分校教育统计与测量硕士学位，艾治伍德大学商业管理硕士学位，山东大学新闻传播学学士学位。博士论文研究美国种族数据收集及应用，荣获威斯康星大学高教管理及政策分析专业年度最佳博士论文奖。在从事院校研究工作的九年中，在建立高校信息系统、政策分析、战略规划、决策支持、问卷调查，以及项目评估等院校研究领域有丰富经验。多次在美国院校研究年会上发表演讲，曾在美国院校研究协会中西部分会教授“运用美国高等教育融合数据系统(Integrated Postsecondary Education Data System，IPEDS)进行院校规划”研习课。

Timothy Chow 博士：

现任罗斯·霍曼理工学院院校研究室主任。于美国印第安纳州立大学先后获得科学学士学位、工商管理硕士学位和博士学位。博士研究课题涉及信息技术管理中的质量保证体系。积极参与全美院校研究协会及其所属的印第安纳州院校研究分会和海外华人院校研究分会的管理工作。曾先后担任全美院校研究协会外联分会的秘书和会长职务。现为海外华人院校研究协会管委会成员和全美院校研究协会选举与提名委员会成员,同时也是阿曼国家学位办的特约海外评审员。在罗斯·霍曼理工学院,曾参与学生成长记录电子系统的建立和评估工作,曾作为大学教育质量委员会的成员参与该大学及其所属工程学科的质量评估认证工作,还曾参与管理信息系统和计算机与信息系统课程的教学。另外,在全国及州院校研究协会年会与其他高等教育学术会议期间提供专题培训和发表研究成果。兼任全美院校研究协会信息技术研究所教授。发表学生学习效果评估和院校研究行业自身评估等领域的文章若干篇。现研究兴趣为:六西格玛管理法在大学中的应用。

方晓雯:

1976 年出生于安徽省安庆市。1999 年本科毕业于武汉工程大学高分子材料学院。2014 年硕士毕业于明尼苏达大学得鲁斯分校数学系数理统计专业。2015 年 2 月至今在明尼苏达大学得鲁斯分校院校研究办公室任院校研究员。

谭钦:

同济大学高等教育研究所硕士研究生。本科毕业于西南大学,获管理学学士学位。